構成的グループエンカウンター
ミニエクササイズ56選 小学校版

エンカウンターの活用を考える会代表　八巻寛治　著

明治図書

はじめに

　私は以前民間企業に勤務し，人事研修の1つとして取り組んだ「自己啓発研修」でロールプレイングやエンカウンターなどを学ぶ機会があり，それを学級づくりに取り入れてきた。
　平成5年度の「月刊特別活動研究」学級活動＜低学年＞の連載の中で，カウンセリングの技法を取り入れた活動の1つとして，構成的グループエンカウンターを紹介した。当時は，エンカウンターどころか，そのような技法を取り入れて活動することに抵抗を感じる方がいて，全国の先生方から，さまざまな意見やら励ましをいただいた。
　それ以来，エンカウンターの有効性を確かめながら全国学校教育相談全国大会や日本カウンセリング学会，教育カウンセラー全国大会，特別活動の研究会などで取り組みの成果を発表してきた。特に平成8年度，仙台市教育センターの長期研修員として，前年度にいじめが起きたある学級を対象に，その後の予防と再発防止を図ることを目的に，構成的グループエンカウンターのエクササイズをミニエクササイズとしてプログラム化して実践した。
　徐々にではあるが，ぎくしゃくしていた人間関係が改善され，その後いじめは起きなかった。また，中学生になってからの追跡調査でも，8割以上の子が構成的グループエンカウンターの体験が，何らかの形で中学校生活に役にたっていると答えた。
　私が今まで担任したクラスには，不登校や場面寡黙，てんかんやLD児，虐待を受けた子，帰国子女などさまざまな問題や課題を抱えている子がいた。また，前年度に学級崩壊に近い状態になったクラスを受け持ち，涙の卒業式を迎えたという経験もした。
　エンカウンターのミニエクササイズは，そんな私の「切り札」として有効に活用してきた。「美味しいとこのいいとこどり」的に，自分が出来る範囲でやれるように，いわば八巻流にアレンジして取り組んできた。ぜひみなさんも自分流にアレンジして取り組んでいただきたい。
　我が師であり，構成的グループエンカウンターの実践を支えてくださっている國分康孝先生久子先生ご夫妻のモットー「分かりやすくてためになる」を心がけ，本書を執筆したつもりである。この本の出版にご尽力いただいた多くの方々に「おかげ様で」の気持ちを伝え，感謝の言葉としたい。
　なお，本文中の（左側のページ）関連の項目での略語は次の本（いずれも明治図書刊）をさしている。

・「ゲ＆エ」は「小学校学級づくりゲーム＆エクササイズ（1・2年，3・4年，5・6年）」
・「Fax」は「小学校学級活動ファックス資料集（1．2．3．4．5．6年）」

平成13年4月吉日

　　　　　　　　　　　　　　　　　　　　　　　　　　　　　　八巻　寛治

●構成的グループエンカウンター・ミニエクササイズ56選 小学校版
目　次

はじめに

序　章　本書の特色と使い方
・今なぜエンカウンターなのか ································· 7
・ウルトラ簡便法としての「ミニエクササイズ」 ····················· 7
・ミニエクササイズとしてのメリット ····························· 7
・本書ミニエクササイズの特色 ································· 8

第1章　　　　　出　会　い

★出会いを演出するためのミニエクササイズ

① 自己紹介ゲーム［低～高学年／グループ］ ························· 12
② じゃんけんチャンピオン［低～高学年／ペア・グループ・一斉］ ··········· 14
③ はい，ポーズ！［低～高学年／ペア・グループ・一斉］ ················· 16
④ 友だちビンゴ［低～高学年／グループ・一斉］ ····················· 18
⑤ 色いろいろだいすき［高学年／個人・ペア・グループ・一斉］ ············ 20
⑥ ニックネームは〇〇です［中・高学年／個人・ペア・グループ・一斉］ ······ 22
⑦ なんでもバスケット［低～高学年／グループ・一斉］ ················· 24
⑧ トントンもみもみ［中・高学年／ペア］ ························· 26
⑨ 名刺交換してね［中・高学年／ペア］ ·························· 28
⑩ 〜を探せ［中・高学年／グループ・一斉］ ······················· 30
⑪ 質問じゃんけん［低～高学年／ペア］ ·························· 32
⑫ ここだけの話ですが…［低～高学年／個人・ペア・グループ・一斉］ ········ 34
⑬ こんなグループに［中・高学年／一斉］ ························ 36

3

⑭ 友だち，なあるほど10！ [中・高学年／個人・ペア・グループ] ……………… 38

第2章　自分を見つめる

★自己理解を促進するためのミニエクササイズ

① わたしは○○です [中・高学年／個人・ペア・グループ・一斉] ……………… 42
② わたしのすきなもの・こと [低〜高学年／個人] ……………… 44
③ わたしの宝物 [中・高学年／個人・ペア・グループ・一斉] ……………… 46
④ スポーツ大好き [低〜高学年／個人・ペア・グループ] ……………… 48
⑤ なんでもベスト3 [中・高学年／グループ・一斉] ……………… 50
⑥ もしも夢がかなうなら [中・高学年／個人・ペア・グループ] ……………… 52
⑦ 自己PR大作戦！ [中・高学年／グループ・一斉] ……………… 54
⑧ ご注文はどっち？ [低〜高学年／グループ・一斉] ……………… 56
⑨ あなたならだれにする？ [高学年／個人・ペア・グループ] ……………… 58
⑩ こんな時わたしは… [高学年／個人・ペア・グループ] ……………… 60
⑪ もし○○になれたら [中・高学年／個人・ペア・グループ] ……………… 62
⑫ ○○年後のあなたへ [高学年／個人・ペア・グループ] ……………… 64
⑬ 今だから言えるんですが… [高学年／ペア・グループ] ……………… 66
⑭ 私はわたしよ！ [中・高学年／個人・ペア・グループ・一斉] ……………… 68

第3章　仲間のよさを見つめる

★他者理解を促進するためのミニエクササイズ

① ともだち見つけた [低〜高学年／一斉] ……………… 72

② 好きな○○は？ [低〜高学年／個人・ペア・グループ・一斉] ……………… 74

③ この指と〜まれ [低〜高学年／グループ・一斉] ……………………………… 76

④ あなたはだあれ？ [中・高学年／個人・ペア・グループ・一斉] …………… 78

⑤ みんなの夢なあんだ [中・高学年／グループ・一斉] ………………………… 80

⑥ いいメールしよう [中・高学年／個人] ………………………………………… 82

⑦ わが班は○○である [低〜高学年／グループ] ………………………………… 84

⑧ 言葉のプレゼント [低〜高学年／個人・グループ・一斉] …………………… 86

⑨ 心のキャッチボール [高学年／ペア・グループ] ……………………………… 88

⑩ ○○さん ＰＲ大作戦！ [中・高学年／個人・ペア・グループ・一斉] …… 90

⑪ 心の表彰台 [中・高学年／グループ・一斉] …………………………………… 92

⑫ WANTED＝この人を探せ [低〜高学年／一斉] ………………………… 94
　　ウォンテッド

⑬ えんぴつ対談 [中・高学年／ペア] ……………………………………………… 96

⑭ ｉメッセージ [高学年／グループ] ……………………………………………… 98
　　あい

第4章　クラスのまとまり

★集団としてのまとまりを促進するためのミニエクササイズ

① ○○係のホームページへ [中・高学年／一斉] ……………………………… 102

② お名前ビンゴ [中・高学年／一斉] …………………………………………… 104

③ なんでもバスケット＝上級編＝ [中・高学年／一斉] …………………… 106

④ で〜きたできた [低〜高学年／グループ・一斉] …………………………… 108

⑤ ○○と言えば [中・高学年／一斉] …………………………………………… 110

⑥ リフレッシュ係活動 [中・高学年／グループ・一斉] …………………… 112

⑦ こんなお宝 ザックザク [低～高学年／一斉] ………………… 114

⑧ サイコロトーキング [中・高学年／グループ・一斉] ……… 116

⑨ トラストアップ [中・高学年／ペア・グループ] ……………… 118

⑩ ひとことキャッチボール [中・高学年／グループ・一斉] … 120

⑪ キラッと光るあのいっしゅん [低～高学年／個人・一斉] … 122

⑫ みんなで輪くぐり [低～高学年／グループ・一斉] ………… 124

⑬ それがあなたのいいところ [中・高学年／グループ・一斉] … 126

⑭ うれしかった「ありがとう！」 [低～高学年／個人・一斉] … 128

序章　本書の特色と使い方

今なぜエンカウンターなのか

　今，全国の学校現場で構成的グループエンカウンターが流行しているという。なぜだろう，様々な理由が考えられるが，わたしはその1つに，現場の教師が「使いやすくてためになり，アレンジしやすくプラスの変化が得やすい」と感じることができるからであると思う。かく言う筆者も，学級開きはもちろんのこと，いじめの予防や荒れたクラスの建て直しにエンカウンターを活用し，その有効性を確認してきた。

ウルトラ簡便法としての「ミニエクササイズ」

　構成的グループエンカウンターを日本に紹介した第一人者である國分康孝先生・久子先生ご夫妻は，様々な著書や講演会活動等で構成的グループエンカウンターの有効性・可能性を実践・報告なさっている。エンカウンターで学級が変わるシリーズ（図書文化社）は，最近の教育書で大ベストセラーを記録しているほどである。その中の1冊に，筆者もかかわった「ショートエクササイズ集（図書文化社1999）」がある。
　その本の序文に國分先生は，「…合宿制のエンカウンターを集中的エンカウンターとすれば，ホームルーム（学級活動）やゆとりの時間を活用した短編読み切り型のエンカウンターは簡便法エンカウンターである。この簡便法をさらに簡便化したウルトラ簡便法がショートエクササイズである…」と記している。
　わたしは10年ほど前から学級活動に，そのウルトラ簡便法を「ミニエクササイズ」として取り入れ実践してきた。その成果を感じていただければ幸いである。

ミニエクササイズとしてのメリット

① すべてのエクササイズが15分程度（ミニ）で終わるようになっているので，朝の会や帰りの会などで手軽に実施できる。
② 1単位時間の授業の導入や中間，終末に組み入れが可能である。
③ いくつかのエクササイズを組み合わせても活用できる。
④ 簡潔なものが多くアレンジしやすい。

本書ミニエクササイズの特色

1　構成的グループエンカウンターの手法を取り入れている。

　すべてのエクササイズにエンカウンターの精神が盛り込まれている。そのため，子どもたちの実態に応じて，個人として自分を見つめたり，ペアで互いのよさを認めあったり，グループで協力して作業を進めることで他者理解をしたり，一斉の形態でコミュニケーションを促進し，われわれ意識を醸成するなど多様なアプローチの仕方が可能である。本書は次の4章からなる。

　　第1章出会い：出会いを演出するためのミニエクササイズ
　　第2章自分を見つめる：自己理解を促進するためのミニエクササイズ
　　第3章仲間のよさを見つめる：他者理解を促進するためのミニエクササイズ
　　第4章クラスのまとまり：集団としてのまとまりを促進するためのミニエクササイズ

　各章14個ずつのエクササイズからなり，合わせて56のミニエクササイズで構成されている。
　各章のテーマごとに分類してはあるが，どの章から始めても，どのエクササイズから始めても目標やねらいが達成できたり，アレンジしたりしやすくなっている。

2　学級活動・総合的な学習・道徳の時間に活用できる。

　学級活動では，好ましい人間関係を促進するための1つ「ガイダンスの機能」としての活用の仕方が考えられる。総合的な学習では，自分自身を見つめ，生きる力を育むための課題づくりに応用したり，人とのつながりを学んだりするきっかけにもなりうる。道徳の時間では，心の教育として自らを見つめ，よりよい自己の形成を図るために，また，道徳的価値の自覚へと学びが展開できる。

　関連資料として「小学校学級活動ファックス資料集＜1年〜6年＞宮川八岐編（明治図書1996）」が活用できる。

3　学級づくり（学級経営）の視点での仲間づくり

　子どもたちがペアやグループで考えたり，お互いの考えを肯定するようなかかわり合いの機会を持ったりすることにより，好ましい人間関係が醸成できる。

　関連資料として「小学校学級づくりゲーム＆エクササイズ＜1・2年＞＜3・4年＞＜5・6年＞松永昌幸・学級活動ネットワーク実行委員会編（明治図書1998）」が活用できる。

4　活動案とワークシート

　活動案とワークシートは，見開きで1セットになっている。
　活動案は，「活動の流れ」「進め方，指示や援助」と具体的な場面を想定して作成してあり，実際に授業をして有効性を確認している。

子どもたちが主体的にかかわるきっかけにできるように，ワークシートを用意し，活動の流れに従って使うことができる。
　中には，書くことへの抵抗がある子もいるので，子どもの実態や学級の雰囲気に応じて部分的に活用したり，使用しないで取り組むなど柔軟に対応して欲しい。

5　わかちあいとしての振り返り（シェアリング）

　ミニエクササイズではあるが，エンカウンターの大切な構成要素でもある，振り返りの活動を大切に扱いたいと考え，個人としての振り返り，ペアやグループシェアリング，全体シェアリングなど活動そのものや体験したことを通して，気づきを促すことができるものを多く取り入れた。また，自分との対話や自分の考えを整理するなど，わかちあいとしての振り返りを通して自己理解を促進できるエクササイズも多数あり。

6　実践に際して

　各エクササイズとも10分〜15分を想定して作成してあるが，教師の体験の有無，子どもの実態等により，時間がかかる場合は，事前にワークシートに記入させておくなど，柔軟に対応することができる。
　まためやすの時間はおおよそのものなので，なれるまでは，多少時間がかかっても，子どもたちのペースに合わせて取り組んで欲しい。

＜八巻　寛治＞

第1章 出会い

★出会いを演出するためのミニエクササイズ

① 自己紹介ゲーム［低～高学年／グループ］

② じゃんけんチャンピオン［低～高学年／ペア・グループ・一斉］

③ はい，ポーズ！［低～高学年／ペア・グループ・一斉］

④ 友だちビンゴ［低～高学年／グループ・一斉］

⑤ 色いろいろだいすき［高学年／個人・ペア・グループ・一斉］

⑥ ニックネームは○○です［中・高学年／個人・ペア・グループ・一斉］

⑦ なんでもバスケット［低～高学年／グループ・一斉］

⑧ トントンもみもみ［中・高学年／ペア］

⑨ 名刺交換してね［中・高学年／ペア］

⑩ ～を探せ［中・高学年／グループ・一斉］

⑪ 質問じゃんけん［低～高学年／ペア］

⑫ ここだけの話ですが…［低～高学年／個人・ペア・グループ・一斉］

⑬ こんなグループに［中・高学年／一斉］

⑭ 友だち，なあるほど10！［中・高学年／個人・ペア・グループ］

ミニエクササイズ

1 自己紹介ゲーム （～さんのとなりの○○です。）

ねらい　友だちの名前や好きなものを知ることで，親近感をもつことができる。
対象　低学年・中学年・高学年
形態　グループ　　　　　　　　　　　　**めやすの時間**　15分
準備するもの　ワークシート，筆記用具
関連　ゲ&エ　3・4年　P24「自己紹介。どうぞよろしく！」
　　　　Fax　6年　P68「私と友だち」
発展として　「～の好きな人はだれでしょう。」とクイズ形式で取り組む。

▼活動の流れ

① 自己紹介ゲームのやり方を聞き，グループをつくる。
・参加人数によりグループの人数，グループの数などを調整する。

② 1順め「～の好きな○○です。」に「となりの」をたし，自分の紹介も加えて紹介する。

③ 2順目は，1番目の言葉に，さらに追加し「～と～の好きな○○さんのとなりの，～と～の好きな○○です。」のように追加していく。

④ 取り組んで感じたこと気づいたことを発表する。
・全体で
・グループで

⑤ 振り返りをする。

▼進め方，指示や援助

① これから自己紹介ゲームをします。○人グループになり，お互いに好きなものを紹介しあいましょう。

・低学年は小グループ，高学年は，人数を増やしたり，学級全員で取り組むなどグループのサイズを工夫できる。

② 1回目は「～の好きな○○です。」に「となりの～です。」と付けたして順に紹介していきましょう。

・最後の人が全員分を言うようになることを伝えて，1人めから始めさせる。
・右回りか左回りかをはっきりさせる。

③ 2回目は逆回りですが，好きなものをもう1つずつ加えて，フルネームで紹介しあいましょう。

・学年によっては「好きなもの」を「得意なこと，がんばってみたいこと」などに変えてもよい。
・時間があれば，もう1つ加えるなどして取り組む。

④ 自己紹介ゲームをして感じたこと，気づいたことを発表して下さい。

・メンバーが初めて出会った人どうしであれば，全体で発表した後にグループで，シェアリングするとよい。

⑤ 振り返りをしてみましょう。

次ページ=ファックス資料 →

自己紹介（じこしょうかい）ゲーム

年　組〔　　　　　　　　　　〕

友（とも）だちの名前（なまえ）	①好（す）きなもの・こと	○	○

→人数（にんずう）が多（おお）い時（とき）は間（あいだ）に線（せん）を一本（いっぽん）つけ加（くわ）えて書（か）こう。

〔振（ふ）り返（かえ）りコーナー〕
　　　　　　　　　　　　　　　　　　　　　　　　はい　少（すこ）し　あまり　いいえ
① 自分（じぶん）のことをはっきり伝（つた）えることができましたか。　　├──┼──┼──┤
② 友（とも）だちのことで新（あたら）しい発見（はっけん）がありましたか。　├──┼──┼──┤
③ こんなことを聞（き）いてみたいと思（おも）うことがあったら書（か）いて下（くだ）さい。

ミニエクササイズ
2 じゃんけんチャンピオン （勝ち，負け，あいこ）

ねらい いろいろなじゃんけんゲームをしてお互いに親しみをもつことができる。
対象 低学年・中学年・高学年
形態 ペア，グループ，一斉　　　　**めやすの時間** 10分
準備するもの ワークシート，筆記用具
関連 ゲ&エ　1・2年　P 10「よろしくじゃんけん」
　　　　　〃　　　　　P 14「おともだちがいっぱい」
発展として ペアの活動例を挙げているが，小グループや一斉の形態で取り組むことが可能。

▼活動の流れ

① じゃんけんチャンピオンのやり方を聞く。
・1度目は3回やって「勝った方がチャンピオン」。勝った人はポーズを決め，負けた方は「さすが〜」と言って拍手をする。
② 2度目は「負けるが勝ちチャンピオン」。1度目と同じように3回やって負けた方がチャンピオンになる。
　1度目とは逆になり，ポーズを決める。
③ 3度目は「あいこじゃんけん。」お互いの顔を見て，じゃんけんをする。
　同じだったペアが，じゃんけんチャンピオンになる。
④ 今の気持ちを，話し合う。
・ペア同士で。
・全体の場で。
⑤ 振り返りをする。

▼進め方，指示や援助

① これからじゃんけんチャンピオンをします。3回やって勝った方がチャンピオンです。

・勝った方が好きなポーズを決める。負けた方は「さすが〜。」「いいぞ〜。」など賞賛の言葉をおくる。

② 次に負けた方が勝ちの「負けるが勝ちチャンピオン」をします。負けた方がチャンピオンです。

・負けた方が好きなポーズを決める。勝った方が「すご〜い。」「いいねぇ。」など賞賛の言葉をおくる。

③ 今度は「あいこじゃんけん」です。お互いに同じものを出したらチャンピオンです。

・自分たちで好きなポーズで，喜びを表すようにする。合うまで続ける。
・1回であったペア，2回，3回……と確認する。

④ 今の気持ちを話し合いましょう。

・ペア同士では，自分と相手のことで話し合う。
・全体に伝えたいことがあれば発表する。

⑤ 振り返りをしましょう。

・振り返りコーナー

じゃんけんチャンピオン

年(ねん)　組(くみ)〔　　　　　　　〕

□ いっしょに対戦(たいせん)した人(ひと)

　　　　　　　　　　　　　　　　　　　　　　さん

① 「勝(か)ちじゃんけん」のチャンピオンは？

　　　　　　　　　　　　　　さん　　　　ヤッタ！
　　　　　　　　　　　　　　　　　　　　　おめでとう

② 「負(ま)けるが勝(か)ちじゃんけん」のチャンピオンは？

　　　　　　　　　　　　　　さん　　　　いいぞ〜
　　　　　　　　　　　　　　　　　　　　　すごい！

③ 「あいこじゃんけん」をしてみて。

・何回目(なんかいめ)であった？　→　　　　回目(かいめ)　　　なあるほど！

・その時(とき)の気持(きも)ちは？

〔振(ふ)り返(かえ)りコーナー〕　　　　　　　　はい　少(すこ)し　あまり　いいえ
① 楽(たの)しく活動(かつどう)できましたか。　├──┼──┼──┤
② 相手(あいて)に合(あ)わせようとしましたか。　├──┼──┼──┤
③ チャンピオンになれましたか！　├──┼──┼──┤

ミニエクササイズ 3　はい，ポーズ！

ねらい　自分なりに考えたポーズをつくりみんなにまねをしてもらう。その後何のポーズかを説明し，納得したり，楽しくできたら拍手をもらう。

対　象　低学年・中学年・高学年

形　態　ペア，グループ，一斉　　　　**めやすの時間**　15分

準備するもの　ワークシート，筆記用具

関　連　ゲ＆エ　1・2年　P68「きみはなににへんしんするのかな」

発展として　全体の前で「はい，ポーズ」を行い，何かをあてさせる（ジェスチャーゲーム）。
　　　　　　2～3人でチームを組み，同じポーズや別々のポーズをし，何かをあてさせる。

▼活動の流れ

① 「はい，ポーズ」のやり方を聞く。
　・自分なりのポーズ
　・自分の好きなものや何かのまねでもよい。
　・はずかしがらずにする。
　・みんなもしっかりまねをする。

② 1人めの人が，「はい，ポーズ」の言葉に合わせてポーズをとる。
　・残り全員も同じポーズをとる。（3秒）

③ 「何のポーズですか？」とみんなで声を合わせて聞く。代表の子は「これは～です。」と答える。
　納得したり，楽しかったら拍手をおくる。

④ 1人ずつ順番にする。
　※一斉，グループ，ペアなどいろいろな形態で取り組む。

⑤ 振り返りをする。

▼進め方，指示や援助

① 「はい，ポーズ」のやり方を言いますので，ルールを守って楽しく取り組みましょう。

・自分の考えたポーズで3秒間静止する。
・見ている人全員も同じポーズをする。
・どんな意味があるかを考えておく。（シートに記入）

② 1人めの人から始めましょう。「○○さん」です。言葉に合わせて「はい，ポーズ」。

・円・コの字，一斉等型を工夫する。
・シートを集め，適当な順でポーズをする。
　（出席番号，グループ順，男女別など）
・「はい，ポーズ。」のコールは一緒に声を合わせる。

③ 「何のポーズですか。」「～です。」説明のある人は付け加えて意味を言ってもいいです。

・「何のポーズですか。」のコールは声をそろえる。
・「～です。」はワンセンテンスで言い，理由や説明を言いたい人は付け加えてもよいことにする。

④ 「2人めの人にしてもらいます。」「はい，ポーズ。」

・「なあるほど」「いいねえ」「そうかあ」などのあいづちをうつなどうながす。時間や場所に応じて，一斉にしたり，グループでしたりするなど工夫する。

⑤ 振り返りコーナーに記入しましょう。

はい，ポーズ！

年(ねん)　組(くみ)〔　　　　　　　　　　〕

◇どんなポーズですか。

― ことばで ―――――――――――――――――――――――――――――

― ポーズを絵(え)にすると ――――――――――――― ポーズのわけは？ ―

◇やってみてどうだった。

〔振(ふ)り返(かえ)りコーナー〕

　　　　　　　　　　　　　　　　　　　　　　　　　はい　少(すこ)し　あまり　いいえ
① 自分(じぶん)なりのポーズを考(かんが)えることができましたか。　├―――┼―――┼―――┤
② はずかしがらずにしっかりポーズを決(き)めましたか。　　　　　├―――┼―――┼―――┤
③ 友(とも)だちのポーズで気(き)にいったものがありましたか。　　├―――┼―――┼―――┤

ミニエクササイズ 4

友だちビンゴ

ねらい 自分が好きなものを確かめたり，同じものが好きな友だちのことを知り親しみをもつ。

対象 低学年・中学年・高学年

形態 グループ，一斉　　　　　　**めやすの時間** 15分

準備するもの ワークシート，筆記用具

関連 ゲ＆エ　3・4年　P14「3　友だち集めじゃんけんビンゴ」
　　　　〃　　　5・6年　P14「3　友達見つけてビンゴ」

発展として 好きなスポーツ，形，動物，キャラクターの名前など子どもたちが興味をもちそうなテーマで取り組む。

▼活動の流れ

① 「友だちビンゴ」のテーマを確認する。
　＜例＞好きな食べ物，好きな色など子どもたちに決めさせたり，教師が提示する。

② テーマに合わせて，ビンゴカードのマスの中に，適当に書き込む。

③ 決めた順に発表し，同じものがでたら〇をつけ，列が2つそろったら「リーチ」，3つそろったら「ビンゴ」と知らせる。

④ 感想を発表する。

⑤ 振り返りをする。

▼進め方，指示や援助

① 今日のテーマを決めましょう。どんなものにしたいですか。

・できるだけ子どもたちに決めさせるのがよい。
・一部の子にしか分からないものは避ける。

② テーマに合わせて思いついたことをビンゴカードのマスの中に1つずつ書きましょう。

・思いついた順に，好きなところに書く。
・全部うまらなくてもよいが，たて，横，ななめがそろってビンゴになることを伝える。

③ 生まれ番号順に，好きな食べ物を1つずつ発表し，同じものには〇をつけ名前を書きましょう。

・子どもたちが納得のいく発表順にするとよい。
・2つそろったらリーチで立ち，3つそろったらビンゴで座る。

④ 友だちビンゴをして気づいたこと，感じたことを発表しましょう。

・発表した人に対して，選んだものについてなど。

⑤ 振り返りコーナーに記入しましょう。

次ページ＝ファックス資料 →

テーマ [　　　　　　　　　] ビンゴ

年　組〔　　　　　　　　〕

① テーマに合わせて思いついた言葉をマスの中に書こう。
② （　）の中には発表した人の名前を書こう。
③ 全部うまらなくてもＯＫだよ!!　たて，横，ななめに３つそろえばビンゴになるよ。

（　　　　）	（　　　　）	（　　　　）
（　　　　）	（　　　　）	（　　　　）
（　　　　）	（　　　　）	（　　　　）

〔振り返りコーナー〕
① 友だちのことで新しい発見がありましたか。
② 自分と同じものをえらんだ友だちがだれかわかりますか。
③ 友だちビンゴが楽しかったですか。

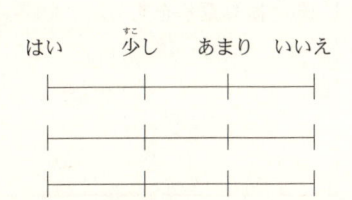

　　　　　はい　少し　あまり　いいえ
　　　　　├──┼──┼──┤
　　　　　├──┼──┼──┤
　　　　　├──┼──┼──┤

ミニエクササイズ 5

色いろいろだいすき

ねらい 選択した場合の色，自分のイメージとしての色など，様々な選び方があることに気づく。自分と同じ考えの人がいることを知る。

対象 高学年

形態 個人，ペア，グループ，一斉　　**めやすの時間** 15分

準備するもの ワークシート，筆記用具，色えんぴつ

関連 ゲ＆エ　1・2年　P18「すきなもの，ピッタンコゲーム」

発展として 色を4つに限定せず，好きな色を選び，同じ色同士で集まってその色のイメージを話し合う。

▼活動の流れ

① 4つの色の中で，自分が好きなものを選び，その色画用紙のはってあるところに集まる。
色ごとにイメージする言葉を発表する。
・1回目（赤，青，黄，緑）

② 2回目は（金，銀，白，黒）の中から選び，色ごとにイメージする言葉を発表する。

③ 6つのような気持ちだったら何色を選ぶかを考え，合う色をぬる。

④ 選んだ理由を発表する。
・1番気にいっている色をぬる。

⑤ 振り返りをする。

▼進め方，指示や援助

① 壁にはってある4つの色の中から好きなところに集まりイメージする言葉を発表しましょう。

・1回目，「赤，青，黄，緑」の中から，いいなあと思うところに行き集まる。
・なぜ選んだか，イメージする言葉を発表する。

② 金，銀，白，黒の4つの色だったら何色がいいかを選び，集まって言葉を発表しましょう。

・色画用紙がない時や，子どもたちの好みの色がある場合，別の色にしたり，折り紙を使うなどもできる。

③ 「うれしいとき」「かなしいとき」などの色はどんな色になるか，色鉛筆でぬりましょう。

・次の6つのときだったら何色になるか合う色がなかったら，言葉で♡の中に書く。
・選べない時は，書かなくてもよい。

④ それぞれのときの選んだ理由を発表しましょう。

・友だちの発表の時は「なあるほど，それもいいね。」と答えるようにする。
・今，自分が気にいっている色をぬる。

⑤ 振り返りをしましょう。

・振り返りコーナー

次ページ＝ファックス資料 →

色いろいろだいすき

年　　組〔　　　　　　　〕

◇次の４つの色の中から１つえらぶとしたら，どの色がいいなあと思いますか。その色のイメージも書きましょう。

　　　　＜えらぶ色＞　　　　　＜えらんだ色＞　　　　　＜イメージの言葉＞

① 赤，青，きいろ，みどり

② 金，銀(ぎん)，白，黒

◇次のような気持ちのときは，どんな色でしょう。

うれしいとき　　　ぼうっとしているとき　　　にこにこしているとき

かなしいとき　　　きんちょうしているとき　　　くるしくなるとき

◇あなたが１番気にいっている色は何色ですか。

〔振り返りコーナー〕
① ４つの中から自分の好きな色をえらべましたか。
② どんな気持ちの色かはっきりできましたか。

　　　　　　　　　　　　　　　　　　　　　はい　少し　あまり　いいえ

ミニエクササイズ 6

ニックネームは〇〇です

ねらい 呼ばれてうれしいニックネーム（あだ名）とそうでないニックネームをはっきりさせ，主張的に紹介することによって親しい関係を促進する。

対象 中学年・高学年

形態 個人，ペア，グループ，一斉　　　**めやすの時間** 15分

準備するもの ワークシート，筆記用具

関連 ゲ＆エ　3・4年　P65「どうぞよろしく」

発展として 「ニックネームで呼ぼうの日」をつくり，その日はニックネームで呼び合う。

▼活動の流れ

① 「ニックネームは〇〇です」シートにいつも呼ばれているニックネームを書く。
・あまり呼ばれていない時は呼んで欲しいものでもよい。

② 書いたものの中からベスト3を選び，呼んで欲しいニックネームを記入する。

③ みんなの前で，自分のニックネームを宣言する。
・円形で1人ずつ立って。
・歩き回りながら出会った人と。

④ 全体シェアリングをする。
・自分のニックネームについて。
・友だちのニックネームについて。

⑤ 振り返りをする。

▼進め方，指示や援助

① シートにいつも呼ばれているニックネームを書きましょう。呼んで欲しいものでもいいですよ。

・気にいっているもの，呼んで欲しくないものも含めて，書けるだけ書く。
・特にない場合は記入しなくてもよい。

② その中から気にいっているものを3つ選び，シートに書きましょう。

・3つない場合は1つでもよい。
・①で無記入の場合は，呼んで欲しいものや，自分で考えたペンネームなどでもよい。

③ みんなに呼んで欲しいニックネームを決め，宣言しましょう。

・円形になり1人ずつ「ニックネームは〇〇です，〇〇と呼んで下さい。」と宣言する。

④ みんなで振り返りをしてみましょう。何か気づいたことがあったら教えて下さい。

・自分のニックネームについて感じたこと。
・友だちのニックネームについて感じたこと。
・これからのこと。

⑤ 振り返りをする。

・振り返りコーナーに記入する。

次ページ＝ファックス資料 →

ニックネームは ☐ です。

年　組 〔　　　　　　　　〕

◇ いつもよばれているニックネームは？ （こうよんでほしいというものでもいいよ！）

◇ その中でも自分が気にいっているベスト3はこれだよ！

　　　　　　　　　　　　　　　　　ない時は1つだけ
　　　　　　　　　　　　　　　　　でもいいよ！

　　②　　①　　③

◇ だからニックネームでよぶときは，次のようによんでね！

友だちによんでもらいたいのは？

　　　　　　　　　　　　　　　　　　　　です。よろしく！

〔振り返りコーナー〕　　　　　　　　　　はい　少し　あまり　いいえ
① よんでほしいニックネームを決めることができた。
② みんなの前ではっきりとニックネームを宣言できた。
③ 友だちのニックネームが分かった。

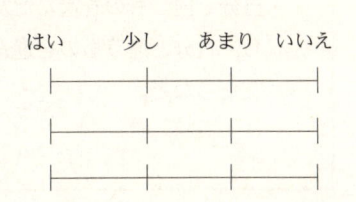

ミニエクササイズ 7　なんでもバスケット

ねらい　自分と同じ趣味や嗜好の友だちがいることを知り，新しい友だちの輪を広げる。
対象　低学年・中学年・高学年
形態　グループ，一斉　　　　　　　　**めやすの時間**　15分
準備するもの　ワークシート，筆記用具，フラフープ
関連　ゲ&エ　3・4年　P29「桃太郎さんゲーム」
発展として　最初は一斉で行い，なれた頃に小グループにして取り組むなど工夫できる。

▼活動の流れ

① フルーツバスケットの要領でじゃんけんバスケットをする。
・オニに負けた人が動く。
・オニに勝った人が動く。
・オニとあいこの人が動く。
※フラフープの円に足をついたら別の席に座る。

② 食べ物バスケットをする。
・「カレー，ラーメン，焼肉，スパゲティ」の中から，オニの好きなものと同じ人が動く。
＜例＞カレーの好きな人

③ なんでもバスケットをする。
・オニが言ったことに合う人が動く。
＜例＞朝パンを食べてきた人，くつ下が白の人，算数で計算が好きな人など。

④ 振り返りをする。
・自分と同じものを選んだ友だち，自分と違うものを選んだ友だちなど。

▼進め方，指示や援助

① じゃんけんバスケット（オニと）をして，テーマに合う人が中央の円に足をつき，別の席に座りましょう。

・中央向きで円形にならび，オニのいるところにフラフープを置く。

② 食べ物バスケットをします。最初は4つのものから1つ選び，合っている時は動きましょう。

・全員動かしたい時は，「いただきま～す。」にするなど約束するとよい。
※なれてきたら，限定しないで「～の好きな人」で合っていたら動くようにする。

③ なんでもバスケットをします。オニが言ったことに合う人が動いて下さい。

・人がいやがることは言わない約束をする。
・表面的なことから内面に向かうようにすると，友だちの好みなどが分かる。

④ なんでもバスケットの振り返りをしましょう。どんなことに気づきましたか。

・自分自身について，友だちについて。
・振り返り用紙に書く。

次ページ＝ファックス資料　→

なんでもバスケット

年(ねん)　組(くみ)〔　　　　　　　〕

◇じゃんけんバスケットをして感(かん)じたことは？

＜動(うご)いた人(ひと)＞　　　　　　　　　　　　　＜動(うご)かない人(ひと)＞

◇「食(た)べ物(もの)」バスケットをして感(かん)じたことは？

◇なんでもバスケットをして気(き)がついたことは？
　よかったテーマとそのわけを順(じゅん)に３つ書(か)いてみよう。

	よかったテーマ	わけ
1		
2		
3		

ミニエクササイズ 8 トントンもみもみ

ねらい 軽いスキンシップを体験することで，緊張をほぐしたり，リラックスした状態で会話することのよさに気づく。

対象 中学年・高学年

形態 ペア　　　　　　　　　　　　　**めやすの時間** 10分

準備するもの ワークシート，筆記用具

関連 ゲ＆エ　1・2年　P81「手と手を合わせて」

発展として 会話をしないで「無言」でやるとどのような気持ちになるか，体験する。

▼活動の流れ

① ペアをつくり，3秒指ずもうで勝った人がいすに座り，負けた人は後ろに立って2分間トントンもみもみ（マッサージ）をする。

② 後ろに立った人は，「最近あったうれしい話」をしながらマッサージし，座っている人は，「そうですかあ。」「よかったですね。」とうなずく。

③ 時間になったら役割を交代し，②と同じ要領で取り組む。
　―2分間で終了―

④ 向かいあって，マッサージしてもらったことや，話の内容などで気づいたことを話し合う。

⑤ 振り返りをする。

▼進め方，指示や援助

① あまり話をしたことがない人とペアをつくり，指ずもうで勝った人がいすに座り，2分間トントンもみもみしてもらいましょう。

・指ずもう，じゃんけんなど子どもが納得のいく決め方をする。

② トントンもみもみする人は「最近あったうれしい話」をしながら，される人はうなずきながら聞いてあげましょう。

・「最近あったうれしい話」がしづらい時は，自己紹介でもよいことにする。
・うなずくさいに，「そうですかあ。」「よかったですね。」など伝え，質問しないようにする。

③ 時間になりました。役割を交代して，同じようにトントンもみもみしましょう。

・2分間で終了する。

④ トントンもみもみされたこと，話を聞いて気づいたことを伝え合いましょう。

・マッサージについて
・「最近あったうれしい話」を聞いて
　→メッセージとして

⑤ 振り返りをしましょう。

トントンもみもみ

　　　　　　　　　　　　年　　組〔　　　　　　　〕

■ <u>トントンもみもみをして</u>
　どんな気持ち

■ <u>トントンもみもみしてもらって</u>
　どんな気持ち

■ <u>「最近あったうれしい話」をして</u>
　どんな気持ち

■ <u>「最近あったうれしい話」を聞いて</u>
　どんな気持ち

○自分や相手の人へのメッセージ

ミニエクササイズ **9**

名刺交換してね

ねらい　自分のことを紹介する名刺を交換し合い，積極的に自分を知らせたり，他の友達のことを知る機会にする。

対　象　中学年・高学年

形　態　ペア　　　　　　　　　　　　**めやすの時間**　15分

準備するもの　ワークシート，筆記用具

関　連　ゲ＆エ　5・6年　P12「3　知らせて知って友達づくり」
　　　　　Fax　6年　P46「自分らしさの発揮」

発展として　集めたカードのプロフィールを見て，だれかを当てるゲーム。

▼活動の流れ

① 名刺に自分のプロフィールを書く。
  ・4種類ある。
  ・切り取ってから裏に名前（ふりがな）を書く。

② 名刺交換をする。
  ・じゃんけん，指ずもう等で先攻，後攻を決めて交換する。
  ・カードの内容を読み上げてから，名前を言い，お互いに交換する。
  ・握手をしてから別れる。

③ 交換したカードを見て相手を確かめ，台紙などに貼りつける。

④ 振り返りをする。

▼進め方，指示や援助

① 名刺に自分のことを紹介するつもりで，プロフィールを書きましょう。

・4種類あるので書きやすいものから書く。
・切り取ったら裏にフルネーム（ふりがな）を書く。

② あまり話をしたことがない人と仲よくなれるように，名刺交換しましょう。

・じゃんけん，3秒指ずもうなどでやる順番を決める。
  ＜やり方の例＞
  ① ペアになり，握手をする。
  ② 紹介する順番を決める。
  ③ 書いてある内容を読み，最後に名前を付けたしてお互いの名刺を交換する。
  ④ 握手して別れる。

③ 交換したカードを確かめながら，台紙にはりつけましょう。

・名前を上にしたり，プロフィールを上にして，後でも確認できるようにするとよい。

④ 振り返りをしましょう。

次ページ＝ファックス資料　→

名刺交換してね
めいし こうかん

※切り取ってから，うらに名前（フルネーム）とふりがなを書こう。

・誕 生 日（ ） ・好きなこと（ ） ・好きな勉強（ ） メッセージ	・誕 生 日（ ） ・好きなこと（ ） ・好きな勉強（ ） メッセージ	・誕 生 日（ ） ・好きなこと（ ） ・好きな勉強（ ） メッセージ
・好きな色　（ ） ・好きな遊び（ ） 興味のあること	・好きな色　（ ） ・好きな遊び（ ） 興味のあること	・好きな色　（ ） ・好きな遊び（ ） 興味のあること
・好きな季節（ ） ・好きな数字（ ） がんばりたいこと	・好きな季節（ ） ・好きな数字（ ） がんばりたいこと	・好きな季節（ ） ・好きな数字（ ） がんばりたいこと
・得意なこと（ ） ・趣　　味（ ） じまん話	・得意なこと（ ） ・趣　　味（ ） じまん話	・得意なこと（ ） ・趣　　味（ ） じまん話

ミニエクササイズ 10　〜を探せ

ねらい　司令書に合う友だちを探し出す活動を通して、友だちの特徴をつかみ、親近感を深める。
対　象　中学年・高学年
形　態　グループ，一斉　　　　　　　　**めやすの時間**　15分
準備するもの　ワークシート，筆記用具
関　連　ゲ&エ　5・6年　P58「特命リサーチ〜この人をさがせ」
　　　　　　Fax　3年　P60「みんななかよし」
発展として　名前を記入せず掲示しておいたり，グループにわたして相談してだれかを当てさせる。
　　　　　　　友だちに司令書を書いてもらう。

▼活動の流れ

① 「〜を探せ司令書」に身体的，内面的な特徴を自分で記入し，提出する。
※適当に順番を入れかえておく。

② 1人めの司令書を読み上げ，だれかを答えさせる。

③ 正解になったら，司令書を読まれた人が前に出る。2人めの司令書を読み上げ，だれかを答えさせる。
　②と同じ要領で順番に取り組む。

④ 全体で振り返りをする。
・気づいたこと。
・感心したこと。
・初めて知ったことなど。

▼進め方，指示や援助

① 「〜を探せ司令書」に自分の特徴を書きましょう。
・これをもとに，みんなでだれかを当てるので，分かりやすく書くようにさせる。
・書きにくい所は書かなくてもよいことにする。

② 1人ずつ司令書を読み上げるので，だれかを当てて下さい。
・1人めは教師が読み上げる。
・正解になったら，読まれた人が前に出る。

③ 2人めの司令書を読み，同じように当てたら，次の人と交代して下さい。
・②と同じ要領で取り組む。

④ 全体で振り返りをしましょう。
・気がついたこと。
・感心したこと。
・友だちについての新しい発見など。

次ページ＝ファックス資料　→

～を探せ司令書
(さが しれいしょ)

　　　　　　　　　　　　　　年　　組〔　　　　　　　　〕

◇司令１（身体的なとくちょう）

　・男女の別　　　　男・女
　・身長　　　　　　高い方・中ぐらい・低い方
　・体格　　　　　　やせている・ふつう・ぽっちゃりしている
　・顔のとくちょう（　　　　　　　　　　　　　　　）
　・声の感じ　　　（　　　　　　　　　　　　　　　）
　・その他

＜こんな顔＞

◇司令２（内面的なとくちょう）

　・性格（明るい・活発・落ち着いている・その他（　　　　　　　　　　））
　・趣味（　　　　　　　　　　　　　　　　　　　　　　　　　）
　・好きな色（　　　　　　　　　　　　　　　　　　　　　　　）
　・とくいなこと（　　　　　　　　　　　　　　　　　　　　　）
　・好きな勉強（　　　　　　　　　　　　　　　　　　　　　　）
　・たん生日（　　　　　年　　　　月　　　　日　　　　　　　）
　・その他

◇その人の名は　　　　　　　　　　　　　　さんです！

ミニエクササイズ **11**

質問じゃんけん

ねらい	友だちの名前や好きなこと，考えなどを知り，互いのことを知り合う雰囲気をつくる。
対　象	低学年・中学年・高学年
形　態	ペア　　　　　　　　　めやすの時間　　15分
準備するもの	ワークシート，筆記用具
関　連	ゲ＆エ　3・4年　P48「いいとこみっけ！ゲーム」
	Fax　6年　P68「私と友だち」
発展として	じゃんけんに変えて3秒指ずもうで「質問指ずもう」として取り組む。
	相手に聞いたことを4人組になって他己紹介する。

▼活動の流れ　　　　　　　　　▼進め方，指示や援助

① 質問じゃんけんの仕方を知る。

2分間
- 互いのシートにサインをする。
- 2人でじゃんけんをする。
- 勝った方から30秒以内で質問をし，負けた人はその質問に答える。
- 役割を交代する。
- 握手をして別れる。

② 質問じゃんけんをする。
- 相手は自由に選び，3回行う。

③ あまり話をしたことのない人と質問じゃんけんをする。
- 2回行う。
　※男子と女子でペアをつくるなど実態に応じて取りくむ。

④ 全体でシェアリングをする。
- してみて感じたこと。
- 友だちのことでの新しい発見。
- 質問されたことに答えたか。

⑤ 振り返りをする。

① 質問じゃんけんの仕方を説明します。約束を守って楽しくやりましょう。

- 相手が答えやすいような質問をする。
- 答える側は分かりやすく，しっかり答える。もし分からない時や答えられない時は「答えられません」と答える。

② それでは質問じゃんけんを始めます。相手を見つけてペアになりましょう。3回します。

- 手順に従って取り組む。
- 30秒なので3つぐらい質問できる。
- 30秒の時間は教師が合図をする。

③ こんどはあまり話をしたことのない人とペアになりましょう。2回します。

- 手順に従って取り組む。

④ 質問じゃんけんをしてみての振り返りをしましょう。

- 友だちのことでしらなかったことがあった。
- 質問にしっかり答えることができた。
- 話をしたことのない友だちと話ができた。

⑤ 振り返りをしましょう。

- 振り返りコーナーに記入する。

次ページ＝ファックス資料 →

質問じゃんけん

年　組〔　　　　　　　　〕

◇ 質問じゃんけんの手順

① 相手を見つけシートにサインをしてもらう。
② 2人でじゃんけんをする。

　　　　勝ち　　　　　　　　　　　　　　　負け

③ 30秒以内で質問する。　　　　　　　・質問されたことに答える。
④ 質問されたことに答える。　　　　　・30秒以内で質問する。
⑤ あく手をして別れる。

> 答えにくい時や答えたくない時は「答えられません」という。

◇ じゃんけんシート

回数	対戦相手	質問してみて	答えてみて
1			
2			
3			
4			
5			

〔振り返りコーナー〕

　　　　　　　　　　　　　　　　　　　　　　　はい　少し　あまり　いいえ
① 知りたいことを質問することができましたか。
② 聞かれたことにしっかり答えることができましたか。
③ 友だちについて新しい発見がありましたか。

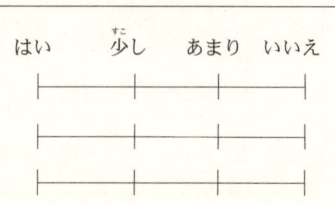

ミニエクササイズ **12**

ここだけの話ですが…

ねらい 自分のひみつの話や失敗してしまったことを伝える（自己開示）ことで，親しみをもって仲間づくりができる。

対象 低学年・中学年・高学年

形態 個人，ペア，グループ，一斉　　**めやすの時間** 15分

準備するもの ワークシート，筆記用具

関連 ゲ＆エ　3・4年　P80「短所にばんざい！講座」
　　　〃　5・6年　P71「夏休みにがんばったわたしはだれでしょう」
　　　Fax　2年　P80「私の誕生」，6年　P64「6年間の成長」

発展として 「夏の体験」のように体験したことの発表会を開く。

▼活動の流れ

① ワークシートに記入する。
・他の友だちに知らせてもよい内容であること。
・笑ってすませることのできる内容であること。

② エクササイズⅠ「ここだけの話ですが……」をする。
・4人組になり井戸端会議の雰囲気で行う。
・あいづちをうつ。（そうなんだあ。えーっなど）

③ エクササイズⅡ「じつは，こんな失敗しちゃいました。」をする。別の4人組になり，井戸端会議の雰囲気で行う。
・あいづちをうつ。（それは大変。ドンマイなど）

④ グループ，全体でシェアリングをする。
・聞いての感想。
・ぜひみんなに知らせたいこと。
・感動したこと　など。

▼進め方，指示や援助

① 「ここだけの話ですが……」ワークシートに，自分のひみつやみんなに知らせてもよい失敗などを書きましょう。

・自分のことで書きにくい時は，知っている人の話でもよい。

② はじめに「ここだけの話ですが……」をします。4人組になって順番を決め紹介しあいましょう。

・4人組でひそひそ話の雰囲気で行う。
・聞く側は「そうなんだぁ」「えーっ」「すごい」などあいづちをうつ。

③ 次に「じつは，こんな失敗しちゃいました。」をします。別の4人組をつくり紹介しあいましょう。

・4人組でひそひそ話の雰囲気で行う。
・聞く側は「それは大変」「ドンマイ，ドンマイ」などあいづちをうつ。

④ 振り返りをしましょう。（グループ，全体）

・自分も同じ体験をするなど，共感できたこと。
・すごいなあと思ったことなど。
　グループで振り返りをした後全体でするとよい。

次ページ＝ファックス資料　→

ここだけの話ですが…。

とっておきの話を聞かせちゃおう！

◇「ここだけの話ですが…」に続く，ひみつの話を聞かせちゃいましょう。（みんなに知らせてもいいものだけにしてね！）

＜例＞みんなが知らないあなただけの体験。こんなとくぎもってます。知りあいにこんな人がいます。みんながおどろくような話など。

ここだけの話ですが…

◇「じつは，こんな失敗しちゃいました。」に続く，ひみつの話を聞かせちゃいましょう。（みんなに知らせてもいいものだけにしてね！）

＜例＞幼いころの失敗。テストのかんちがい。笑われてしまったことなど。

じつは，こんな失敗しちゃいました。

年　　組〔　　　　　　　〕

ミニエクササイズ 13 こんなグループに

ねらい 生活グループ（班）の一人一人のよさを考え，願いを大切にしながらグループの目標をつくる。

対象 中学年・高学年

形態 一斉　　　　　**めやすの時間** 15分

準備するもの ワークシート，筆記用具

関連 ゲ＆エ　3・4年　P91「グループの協力」，5・6年　P55「結束カード」
　　　　Fax　6年　P8「学級生活のめあてを決めよう」

発展として 教室内に掲示しておき，いいところが見つかったら空らんをうめる。

▼**活動の流れ**

① 「こんなグループに」のやり方を聞く。（シートの説明）
　・わが班のいいところ。
　　　↓
　・こんなグループにしたい。

② 「わが班のいいところ」の空らんをうめる。
　・具体的ながんばりやよさを記入する。（話し合う，一人一人発表するなど）

③ 「こんなグループにしたいなあ」の空らんをうめる。
　・願い（できそうなこと，みんなでやってみたいこと）や努力点を記入する。（②を踏まえて）

④ 班の目標を決める。
　・いいところをさらによくする目標。
　・協力して改善したい目標。

⑤ 班の目標を宣言する。（班のよさをアピールしながら）

▼**進め方，指示や援助**

① 「こんなグループに」のやり方を説明します。手順を聞いてすばらしい目標を決めましょう。

・わが班のいいところを出し合う。（見つからない場合は空らんにしておいて，あとでうめる。）
　　　↓
・こんなグループにしたいを出し合う。
　　　↓
・班の目標を決める。

② 「わが班のいいところ」の空らんをうめましょう。らんがたりないときはあいている所に書きましょう。

・みんなで話し合う。一人一人が順番で発表するなどして，がんばりやよさを具体的に出し合い記入する。

③ 「こんなグループにしたい」の空らんをうめましょう。らんがたりない時はあいている所に書きましょう。

・みんなで話し合う。一人一人が順番で発表するなどして，みんなの願いや努力点などを出し合い記入する。

④ ②，③の活動を踏まえて，班の目標を決めましょう。

・班のいいところをさらによくすること。
・努力して改善したいこと。

⑤ 班の目標をみんなの前で宣言しましょう。

・班のよさをアピールする。

こんなグループに

〔　　　〕班

◇わが班のいいところはここ！

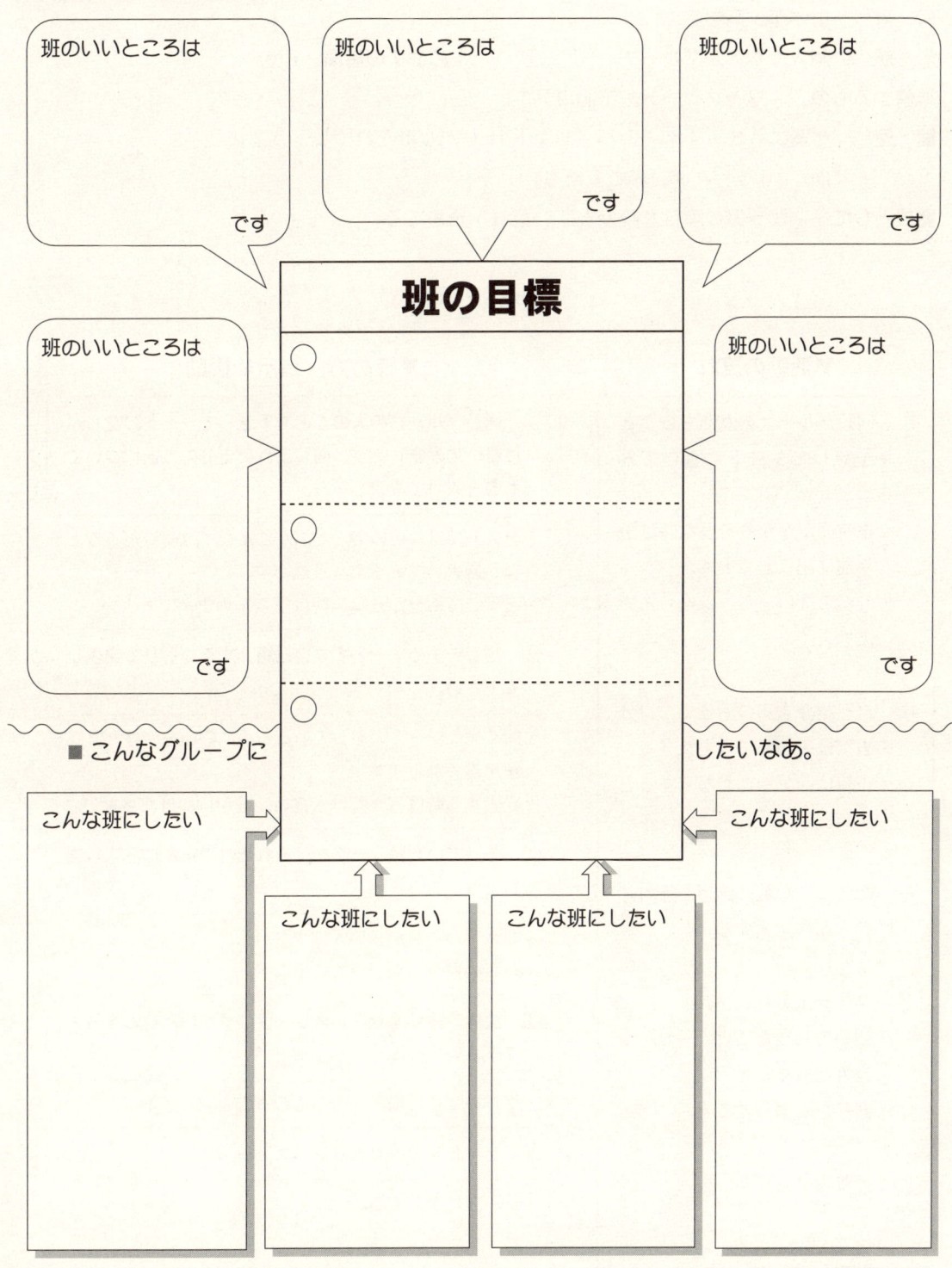

| 班のいいところは　　　です |
| 班のいいところは　　　です |
| 班のいいところは　　　です |

班の目標

○

○

○

| 班のいいところは　　　です |
| 班のいいところは　　　です |

■こんなグループに　　　　　　　　　　　したいなあ。

| こんな班にしたい |
| こんな班にしたい |
| こんな班にしたい |
| こんな班にしたい |

ミニエクササイズ 14 友だち，なあるほど10！

ねらい 同じグループのメンバーのことを知り，親しくなるためのきっかけづくりをする。
対象 中学年・高学年
形態 個人，ペア，グループ　　　　　**めやすの時間** 15分
準備するもの ワークシート，筆記用具
関連 ゲ＆エ　3・4年　P75「ヒント10（テン）わたしはだれでしょう？」
　　　　Fax　6年　P68「私と友だち」
発展として ①〜⑩の項目を読み上げ，だれかをあてる。

▼**活動の流れ**

① 同じグループの友だちのことを予想してシートに書いてみる。
　※時間がかかりそうな時は事前に記入しておく。
・分からないところは空らんでよい。

② 自己紹介するつもりで，自分の当てはまるものを発表する。
・正解は○でかこむなどするとよい。

③ あっていた数，感想をそれぞれのらんに記入する。

④ 全体シェアリング。
・初めて知ったこと。
・意外だったこと。
・同じだと思ったこと。

⑤ 振り返りをする。

▼**進め方，指示や援助**

① 同じグループの人のことを予想してシートの空らんに書いてみましょう。同じように自分のことについても書き入れてみましょう。

・テストではないので，たぶんこんなイメージだろうと予想して書いてみるよううながす。
・どうしても分からない時は空らんのままでもよい。

② 順番を決めて一人ずつ自己紹介するつもりで発表して下さい。

・聞く側はシートのあっているものに○印をつけたり，正解を書くなどする。
・発表する時は答えだけを言い，理由はつけたさない。

③ あっていた数，感想を，それぞれのらんに記入しましょう。

・あっていた数が多い人，少ない人。
・新しい発見，気づいたことなど。

④ 全体で振り返りをしましょう。気づいたことを教えて下さい。

・グループでの様子が分かる程度にとどめておく。

⑤ 自分自身の振り返りをしましょう。

・シートに記入する。

次ページ＝ファックス資料 →

友だち，なあるほど10！

　　　　　　　　　　　　　　　年　　組〔　　　　　　　　〕

◇同じグループの友だちについてどれだけ知っているかな？わくの中に答えを書き，後で確かめてみましょう。

	自　分	さん	さん	さん
①好きな勉強				
②給食こんだて				
③好きな季節				
④好きな色				
⑤好きな形				
⑥好きな運動				
⑦好きな遊び				
⑧好きな動物				
⑨得意なこと				
⑩苦手なこと				
あっていた数？				
★感　想 　新しい発見 　気づいたこと 　知ったこと 　など	--------------- --------------- --------------- ---------------	--------------- --------------- --------------- ---------------	--------------- --------------- --------------- ---------------	--------------- --------------- --------------- ---------------

◆今日の感想で感じたこと，気がついたこと，分かったことなどを振り返りましょう。

第2章　自分を見つめる

★自己理解を促進するためのミニエクササイズ

① わたしは○○です　　［中・高学年／個人・ペア・グループ・一斉］

② わたしのすきなもの・こと　　［低～高学年／個人］

③ わたしの宝物　　［中・高学年／個人・ペア・グループ・一斉］

④ スポーツ大好き　　［低～高学年／個人・ペア・グループ］

⑤ なんでもベスト3　　［中・高学年／グループ・一斉］

⑥ もしも夢がかなうなら　　［中・高学年／個人・ペア・グループ］

⑦ 自己PR大作戦！　　［中・高学年／グループ・一斉］

⑧ ご注文はどっち？　　［低～高学年／グループ・一斉］

⑨ あなたならだれにする？　　［高学年／個人・ペア・グループ］

⑩ こんな時わたしは…　　［高学年／個人・ペア・グループ］

⑪ もし○○になれたら　　［中・高学年／個人・ペア・グループ］

⑫ ○○年後のあなたへ　　［高学年／個人・ペア・グループ］

⑬ 今だから言えるんですが…　　［高学年／ペア・グループ］

⑭ 私はわたしよ！　　［中・高学年／個人・ペア・グループ・一斉］

ミニエクササイズ 1

わたしは○○です

ねらい 自分の個性に誇りをもち，自分のよいところを認め，自分を肯定する気持ちを育てる。
対象 中学年・高学年
形態 個人，ペア，グループ，一斉　　　**めやすの時間** 15分
準備するもの ワークシート，筆記用具
関連 ゲ&エ　3・4年　P 75「ヒント 10 わたしはだれでしょう？」，5・6年　P 12「知らせて知って友達づくり」，Fax　3年　P 60(2)6「みんななかよし」，5年　P 8「5年○組の出発の会をしよう」，6年　P 46「自分らしさの発揮」
発展として 記入済みのワークシートを名前をふせて項目を読み上げ，誰かを当てる。
　　　　　　　ワークシートの名前を書かないでおき，掲示しておき考えさせる。

▼活動の流れ	▼進め方，指示や援助
① 自分自身のことを振り返り「わたしは」の後に続けて書く。	① 自分自身のことを振り返ってワークシートの「わたしは」の後に当てはまる言葉を書きましょう。
	・自分の得意なこと，好きなこと，性格，趣味，気に言っていること，他の人が知らないこと，昔の思い出話，教えても良い秘密の話　など。 ※自分のことを紹介するように書かせる。
② ペアになりワークシートに書いたものを互いに紹介する。	② 近くの人とペアになりワークシートに書いたことをお互いに紹介し合いましょう。
	※学級の雰囲気により，隣の席，男女各1名などペアの組み方を工夫する。
③ 4人組になり聞いた相手のことを他己紹介の要領で他の2人に紹介する。	③ 4人組になり聞いた相手の人のことを他の2人に紹介してあげましょう。
	・聞いて印象に残ったこと，自分との違い，感心したこと，新しく知ったこと。 ※1人1分グループで5分程度で実施。
④ 聞いた感想を述べ合う。	④ 紹介された友達のことで気がついたことや感心したことなどを話し合いましょう。
	・グループ内で感想を述べ合う。 ・全体で希望者数人に発表させる。
⑤ 振り返りをする。	⑤ 今日の活動について振り返りましょう。
	・ワークシートの下欄に記入する。

次ページ＝ファックス資料　→

わたしは○○です！

◇ わたしは〜です。にあてはまることばを書き入れましょう。
　（自分のことを友だちに紹介するような気持ちで書きましょう。）

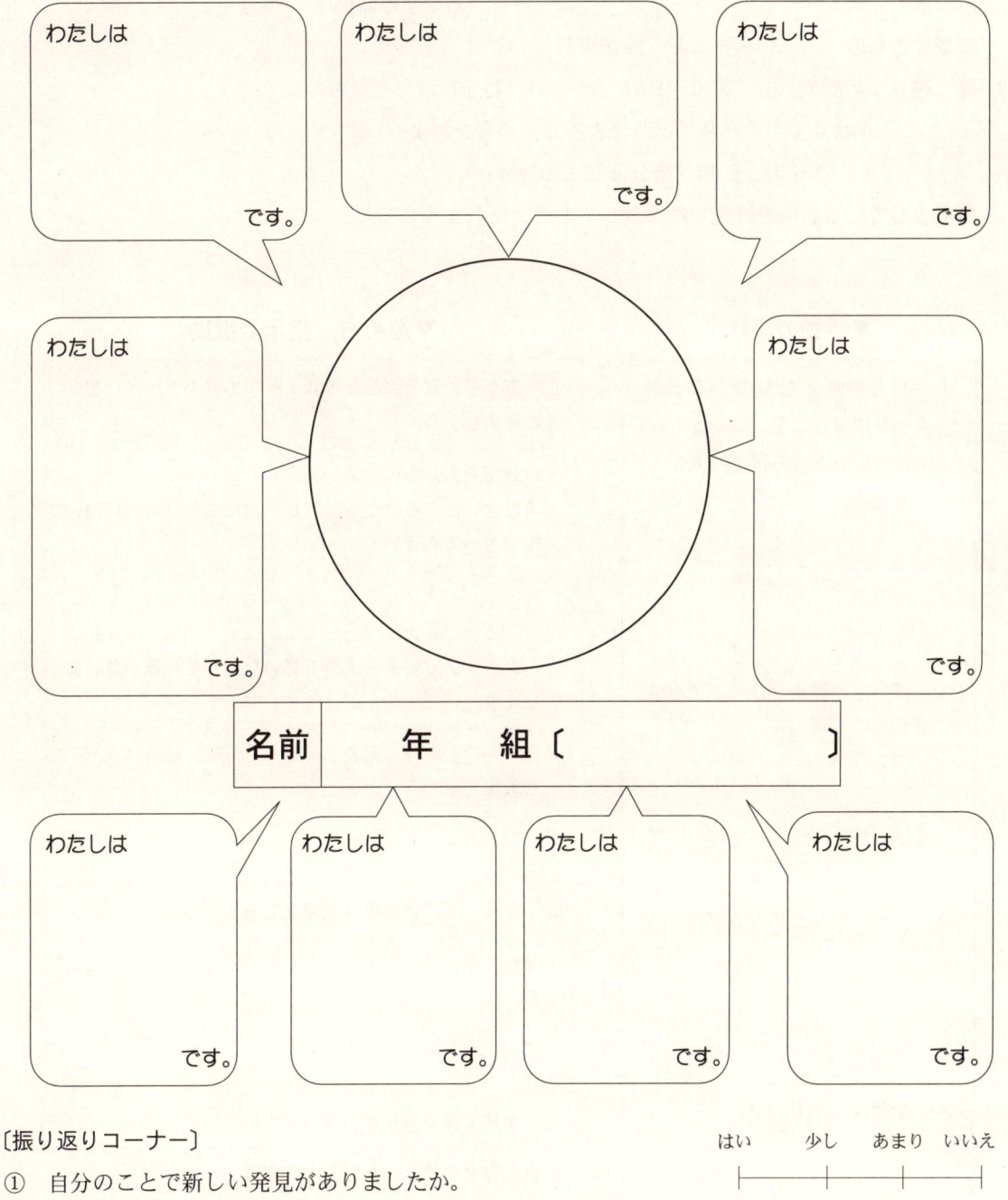

| わたしは　　　　です。 | わたしは　　　　です。 | わたしは　　　　です。 |

| わたしは　　　　です。 | | わたしは　　　　です。 |

| 名前 | 年　　組〔　　　　　　　〕 |

| わたしは　　　　です。 | わたしは　　　　です。 | わたしは　　　　です。 | わたしは　　　　です。 |

〔振り返りコーナー〕　　　　　　　　　　　　　　　　　はい　少し　あまり　いいえ
① 自分のことで新しい発見がありましたか。
② 友達の「よさ」を1つでも見つけることができましたか。
③ 「わたしは○○です」をして気がついたこと，感じたことを書きましょう。

ミニエクササイズ 2 わたしのすきなもの・こと

- ねらい　自分の好きなものや自分のよいところを確かめ，自分を肯定する気持ちを育てる。
- 対象　低学年・中学年・高学年
- 形態　個人　　　　　　　　　　　めやすの時間　15分
- 準備するもの　ワークシート，筆記用具
- 関連　ゲ&エ　1・2年　P76「ぼくの，わたしのすきなもの」
  　　　Fax　1年　P9「どうぞよろしくの会をしよう」
  　　　〃　6年　P46「自分らしさの発揮」
- 発展として　名前を書かずに掲示しておき，だれかを当てる。

▼活動の流れ　　　　　　　　　▼進め方，指示や援助

| ① 自分の好きなもの・ことをカードに書きこむ。
・書けないところは空らんにしておく。 | ① 友だちに自分のことを教えるつもりでカードに書きこみましょう。
・自分で考えたものでよい。
・書けないところは空らんにし，友だちや家の人に聞いて後で書いてもよい。 |

② 書いた内容をグループで発表する。

② グループで順番を決めて書いた内容を発表し合いましょう。
・空らんのものは，発表し終わった後で，他のメンバーから教えてもらう。

③ グループシェアリング。

③ グループごとに振り返りをしましょう。
・分かったこと，気がついたこと，はじめて知ったことなど。

④ 全体シェアリング。

④ 全体で振り返りをしましょう。
・自分自身のこと，友だちのことなど。

次ページ＝ファックス資料　→

わたしのすきなもの・こと

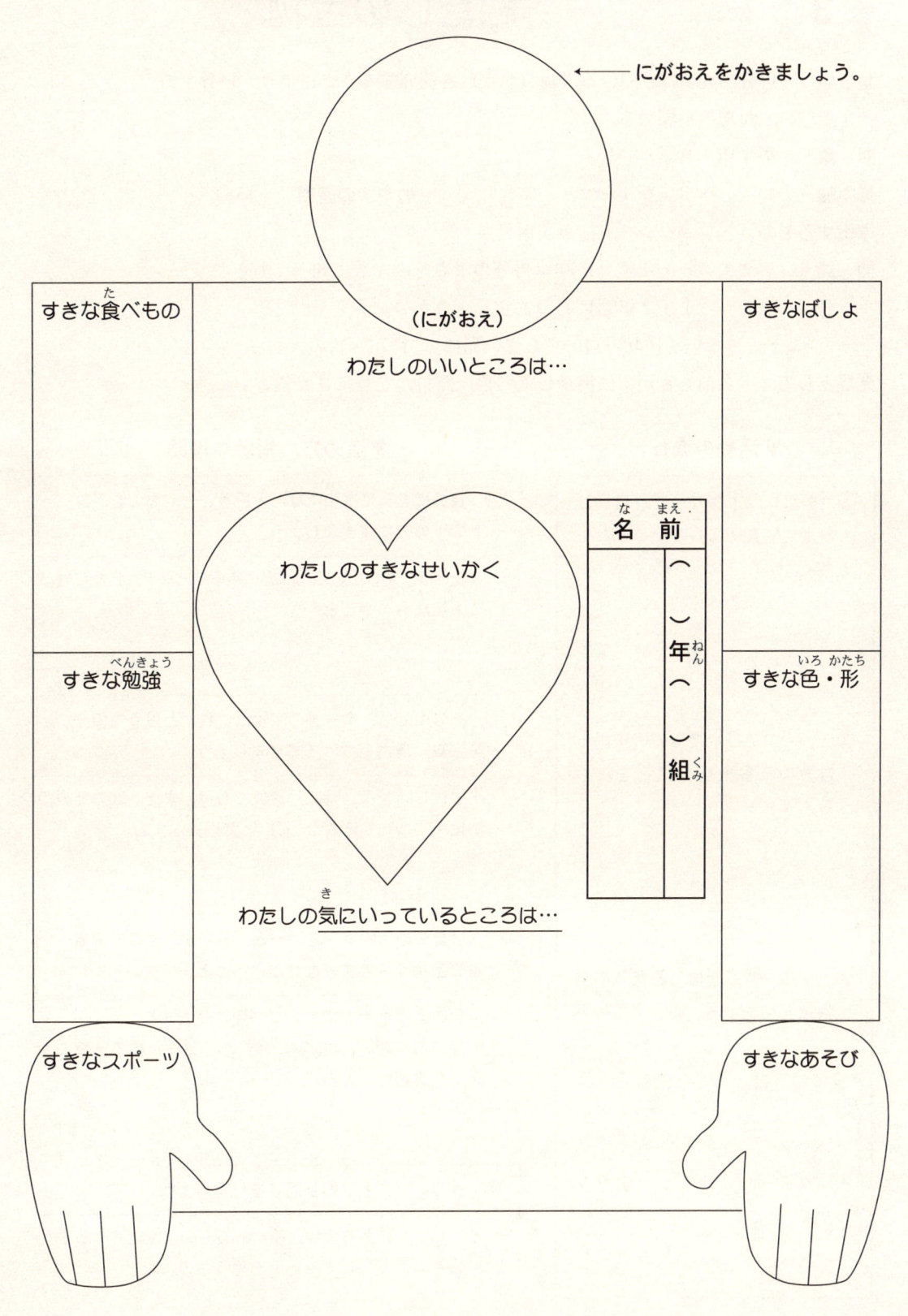

← にがおえをかきましょう。

(にがおえ)

わたしのいいところは…

すきな食べもの

すきなばしょ

わたしのすきなせいかく

名前（　）年（　）組

すきな勉強

すきな色・形

わたしの気にいっているところは…

すきなスポーツ

すきなあそび

ミニエクササイズ 3　わたしの宝物

ねらい　自分が大切にしている宝物（お宝）を紹介することにより，自分を知らせ，心と心のふれあいを深める。

対象　中学年・高学年

形態　個人，ペア，グループ，一斉　　　**めやすの時間**　15分

準備するもの　ワークシート，筆記用具

関連　ゲ＆エ　3・4年　P38「自分のよさをみんなに知ってもらおう」
　　　　〃　　　1・2年　P41「お宝しょうかい」
　　　　Fax　6年　P46「自分らしさの発揮」，P74「物の大切さ」

発展として　名前を書かずに掲示しておき，だれかを当てさせる。

▼活動の流れ	▼進め方，指示や援助
① 「わたしの宝物カード」に自分の宝物や大切にしていることを書く。	① 自分にとって宝物だなあと思うことやものを，シートの下の方に書きましょう。 ・宝物とは，思い出の品物，心に残ることなど，自分にとって大切なものやこと。
② いくつか書いたものの中から自分の一番大切な宝物を決める。	② その中でも，今一番の宝物はこれだと思うもの一つを宝箱に理由もつけて書きましょう。 ・1つにしぼれない時は，複数でも可。また，③の発表の時に「1つにしぼれない。」と意思表示する。
③ グループごとに「わたしの宝物紹介」をする。	③ 「自分の宝物は〜と，〜と，〜です。その中でも一番の宝物は〜です。なぜかというと〜です。」 ・上記のような手順で1人ずつ順に発表する。 ・「なあるほど」「すばらしい」などコールする言葉を考え，発表者に伝える。
④ グループごとのシェアリング。	④ グループごとに振り返りをしましょう。 ・インパクトのある宝物。夢があるもの。友だちらしさがあるもの。まねしてみたいと思うもの。など

次ページ＝ファックス資料 →

わたしの宝物

年　組〔　　　　　〕

◇あなたの宝物は何ですか？

「あなたが大切にしているものやこと」のことだよ。

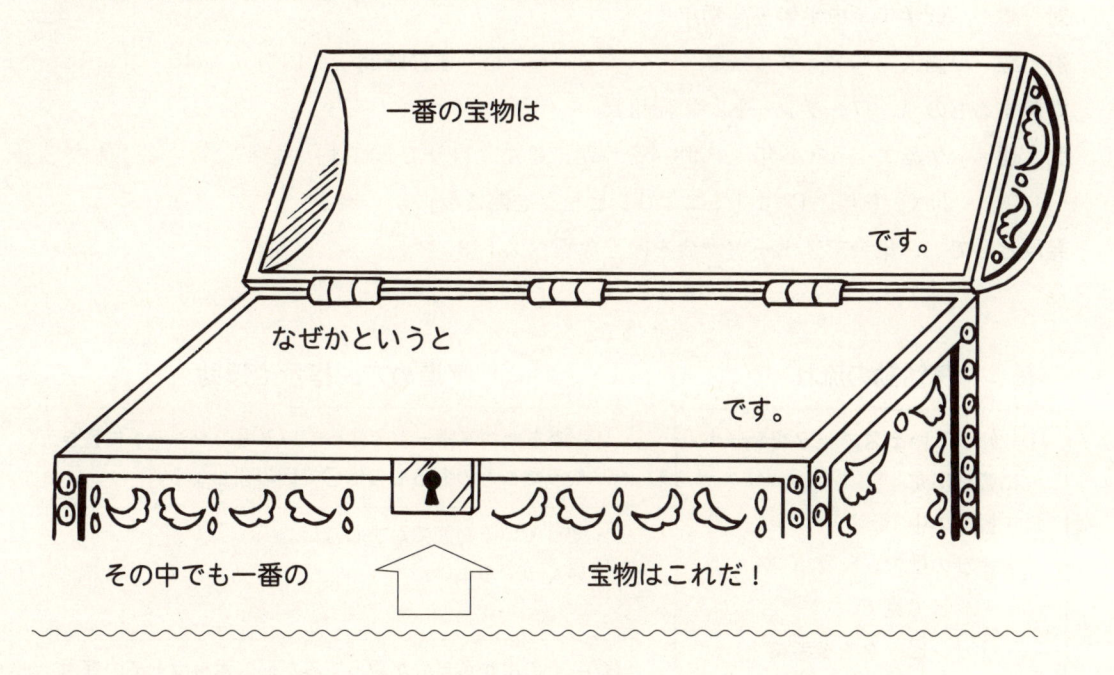

一番の宝物は

です。

なぜかというと

です。

その中でも一番の　　⇧　　宝物はこれだ！

● 自分が宝物だと思うものやことをまず書いてみよう。

ミニエクササイズ 4 スポーツ大好き

ねらい 普段あまり意識していないもの（スポーツ）を，自分なりにランキングをつけることで意思表示する。

対象 低学年・中学年・高学年

形態 個人，ペア，グループ　　　**めやすの時間** 15分

準備するもの ワークシート，筆記用具

関連 ゲ＆エ　5・6年　P68「そうか，こんな自分であれば」
　　　　Fax　6年　P28「ミニオリンピックを開こう」

発展として 集会でスポーツ大会を開くならベスト3。

▼活動の流れ

① 知っているスポーツをシートに書き出す。
・授業の中で。
・遊びの中で。
・テレビで見て。
・オリンピックを参考に。

② 自分がやってみたいスポーツや観戦したいスポーツを選ぶ。

③ 自分が好きなスポーツベスト3を書く。
・書けるだけでよい。

④ シートを参考に，自分の「スポーツ」についての考えを発表する。

⑤ グループシェアリング。

▼進め方，指示や援助

① あなたがスポーツで知っているものをシートに書き，やったことのあるものは○で囲みましょう。

・知っている範囲でかまわない。
・いくつでもよい。

② その中から自分がやってみたいスポーツとその理由をシートに書きましょう。

・どちらも同じでもよいが，なぜかという理由を具体的に考えさせる。

③ 自分のスポーツベスト3（ランキング）を書きましょう。

・興味があるもの，やって楽しかったことなど，自分なりでよい。

④ シートに書いたことを参考に，「スポーツ」のことについて自分の考えを発表しましょう。

・好きなものなどを理由も付けて言うようにする。

⑤ グループごとに振り返りをしましょう。

・なあるほどと納得したことなど。

次ページ＝ファックス資料　→

スポーツ大好き

年　　　組〔　　　　　　　〕

◇　あなたの知っているスポーツは？

<例>ドッジボール

◇　上の中でやったことのあるスポーツを〇で囲もう。いくつあった。□こ

◇　やってみたいスポーツは？

◇　かん戦（見に行く）したいスポーツは？

◇　大好きなスポーツベスト3は？

2　　　1　　　3

ミニエクササイズ 5 なんでもベスト3 （好きなもの，得意なこと）

ねらい 　自分なりのなんでもベスト3を考え，友だちに紹介することで，自分を肯定的に見つめることができるようにする。（ランキング）

対象 　中学年・高学年

形態 　グループ，一斉　　　　　　　**めやすの時間** 　15分

準備するもの 　ワークシート，筆記用具

関連 　ゲ&エ　5・6年　P66「私は誰でしょう！」
　　　　Fax　5年　P8「5年〇組の出発の会をしよう」

発展として 　名前を書かずに掲示しておき，だれのものかを当てる。

▼活動の流れ

① シートに自分なりのなんでもベスト3ランキングを書く。
  ・好きな，得意な。
  ・思い出，趣味。
  ・自まんなど。

② シートをもとにグループごとに発表しあう。

③ グループシェアリング。
  ・どんな種類のものがあったか。
  ・楽しいもの，いがいなものなど。

④ 全体シェアリング
  ・インパクトのあるもの。
  ・感心したことなど。

▼進め方，指示や援助

① 自分で考えたなんでもベスト3をシートに書きましょう。

・①好きなもの，こと。②～④は自分で考えたものでよい。

② シートに書いたことをもとに，グループごとに発表会をしましょう。

・発表順を決める。
・「なあるほどコール」をする。

③ グループごとに振り返りをしましょう。

・楽しいランキング，感心したランキング，まねしたくなったものなど。

④ 全体で振り返りをします。全体に伝えたいことがあれば教えて下さい。

・友だちのこと，自分についての友だちの反応など。

次ページ＝ファックス資料 →

なんでもベスト3

年　組〔　　　　　〕

◇あなたの好きなものや好きなこと，得意なことなど，自分だけのベスト3を決めちゃおう！

<例>
1 わたしの好きな　　　　　　　　　　ベスト3は！

1	
2	
3	

2 わたしの　　　な　　　　　　ベスト3は！

3 わたしの　　　な　　　　　　ベスト3は！

4 わたしの　　　な　　　　　　ベスト3は！

ミニエクササイズ 6

もしも夢がかなうなら

ねらい 自分の実現してみたい夢を言葉で表すことで、具体的に取り組みたいという意識を育てる。

対象 中学年・高学年

形態 個人、ペア、グループ　　　　**めやすの時間** 15分

準備するもの ワークシート、筆記用具

関連 ゲ&エ　3・4年　P41「ぼくの夢・わたしの夢」
　　　　〃　　　　　　P17「クラスすごろく（人生ゲーム〇年〇組版）」
　　　　Fax　4年　P80「ぼく・わたしの長所」

発展として 名前をふせておき、だれのものかを当てる。

▼**活動の流れ**

① 努力することによってかなえられる夢についてシートに書く。
・夢と理由。

② 実現に向けて必要なことと努力したいことをシートに書く。

③ 「こんな人になりたい。」という願いと、そのための努力点をシートに書く。
・落ち着いて行動する人。
・大工さんになりたい。など

④ シートに書いた2つの中から1つ選んで、グループで発表する。

⑤ グループシェアリング。

▼**進め方、指示や援助**

① もしも夢がかなうなら、どんな夢を実現したいですか。そのわけもシートに書きましょう。

・自分なりに努力すれば実現可能な夢がよい。

② そのために必要なことと、努力したいことをシートに書きましょう。

・具体的な努力目標になるようにする。

③ 2つめのテーマ、「どんな人になりたい」かを書き、努力点をシートに書きましょう。

・自分が生活していく上でモデルにしたい行動。
・将来就いてみたい職業など。

④ 2つのテーマから1つ選んでグループごとに発表しましょう。

・友だちに言いやすい方のテーマでよい。努力することを宣言するつもりで伝える。

⑤ グループで振り返りましょう。

・まねしたくなる夢、応援したい夢など。

次ページ＝ファックス資料 →

もしも夢（ゆめ）がかなうなら

　　　　　　　　　　　　　　　　年　　組〔　　　　　　　　〕

◇もしも夢（ゆめ）がかなうとしたら，どんなことをしたいですか？

　┌─────────────────────────────────────┐
　│ もしも夢がかなうなら，　　　　　　　　　　　　　　　　　　　　　　│
　│　　　　　　　　　　　　　　　　　　　　　　　　　　　　　　　　　│
　│　　　　　　　　　　　　　　　　　　　　　　　　　　　　　　　　　│
　└─────────────────────────────────────┘です。

　┌─────────────────────────────────────┐
　│ なぜなら　　　　　　　　　　　　　　　　　　　　　　　　　　　　　│
　│　　　　　　　　　　　　　　　　　　　　　　　　　　　　　　　　　│
　│　　　　　　　　　　　　　　　　　　　　　　　　　　　　　　　　　│
　│　　　　　　　　　　　　　　　　　　　　　　　　　　　　　　　　　│
　└─────────────────────────────────────┘です。

その夢を実現するためにひつようなことは何？　　⬇

　┌─────────────────────────────────────┐
　│　　　　　　　　　　　　　　　　　　　　　　　　　　　　　　　　　│
　│　　　　　　　　　　　　　　　　　　　　　　　　　　　　　　　　　│
　│　　　　　　　　　　　　　　　　　　　　　　　　　　　　　　　　　│
　└─────────────────────────────────────┘

　　　　　　　　　　　　　　　　　　　　　　　　　　　（あれとこれと）

　┌─────────────────────────────────────┐
　│ だから，これから努力したいのは次のことです。　　　　　　　　　　　│
　│　　　　　　　　　　　　　　　　　　　　　　　　　　　　　　　　　│
　│　　　　　　　　　　　　　　　　　　　　　　　　　　　　　　　　　│
　└─────────────────────────────────────┘

◇もしも夢がかなうならどんな人になりたいですか？

　┌─────────────────────────────────────┐
　│　　　　　　　　　　　　　　　　　　　　　　　　　　　　　　　　　│
　│　　　　　　　　　　　　　　　　　　　　　　　　　　　　　　　　　│
　│　　　　　　　　　　　　　　　　　　　　　　　　　　　　　　　　　│
　└─────────────────────────────────────┘

　　　　　　　　　　　　　　⬇

　┌─────────────────────────────────────┐
　│ だから，これから次のことをがんばります！　　　　　　　　　　　　　│
　│　　　　　　　　　　　　　　　　　　　　　　　　　　　　　　　　　│
　│　　　　　　　　　　　　　　　　　　　　　　　　　　　　　　　　　│
　└─────────────────────────────────────┘

ミニエクササイズ **7**

自己ＰＲ大作戦！

ねらい　　自分のプロフィールをＰＲすることで，自分のよさを確認する。
対　象　　中学年・高学年
形　態　　グループ，一斉　　　　　　　めやすの時間　　15分
準備するもの　　ワークシート，筆記用具
関　連　　ゲ＆エ　５・６年　Ｐ66「私は誰でしょう！」，Ｐ68「そうか，こんな自分であれば」
　　　　　Fax　５年　Ｐ8「5年〇組の出発の会をしよう。」
　　　　　〃　６年　Ｐ46「自分らしさの発揮」，Ｐ58「素敵な私，素敵なぼく」
発展として　　名前，ニックネーム，誕生日を書かないで掲示し，だれのものかを当てる。

▼活動の流れ　　　　　　　　　　　▼進め方，指示や援助

① 自己ＰＲ大作戦シートに自分のことを書く。 ・自己紹介するつもり。

① 自分の自己紹介をするつもりでシートに書きこみましょう。

・書けないところは空らんでもよい。1つに限定しなくてもよい。

② グループごとに発表会をする。 ・自己ＰＲする。

② 書いたものを参考に，自分をＰＲするつもりで，お互いに発表しあいましょう。

・記入していないことでもよい。
・「なあるほどコール」。

③ グループシェアリング。 ・発表したものに対する質問。 ・同じだったことなど。

③ グループで振り返りをしましょう。

・はじめて知ったこと。
・友だちのよさで気づいたこと　など。

④ 全体シェアリング。 ・発表者は数人。 ・みんなに知らせたいこと　など。

④ 全体で振り返りをしましょう。

・みんなに知らせたいこと。
・エクササイズをしてみての感想　など。

次ページ＝ファックス資料　→

自己ＰＲ大作戦！

ファイル NO. [　] （ナンバー）

○わたしの名前は　名前 [　　　　　　] （なまえ）

○ニックネームは [　　　　　　]

＜にがおえ＞

[　]月[　]日生まれで[　]歳です。（さい）

（マイデータＰＲコーナー）

すきな食べ物	すきな遊び
すきな勉強	すきなスポーツ
好きな時間	はまっていること（マイブーム）
気に入っている本	行ってみたい場所
がんばっていること	しょうらいのゆめ

ミニエクササイズ 8

ご注文はどっち？

ねらい 2つのものをどちらか選択するとしたら自分はどれにするか，またその理由は何かをはっきりさせることで，自分を肯定するきっかけにする。

対象 低学年・中学年・高学年

形態 グループ，一斉　　　　　**めやすの時間** 15分

準備するもの ワークシート　筆記用具

関連 ゲ＆エ　1・2年　P76「ぼくの・わたしのすきなもの」

発展として 選ぶもののテーマを難しくする。

▼活動の流れ

① 2つのうち1つ選択するとしたら，どちらにするか，選択するものと理由をシートに書きこむ。

② グループになり1つめのテーマから1人ずつ順に発表し，全員終わったら，2つめのテーマにうつる。
・「なあるほどコール」。

③ グループシェアリング。
・お互いに発表したことで印象に残ったこと。
・理由を聞いて納得したことなど。

④ 全体シェアリング。
・みんなに伝えたいこと。

▼進め方，指示や援助

① 「ご注文はどっち？」シートにあなたが選ぶ方を○で囲み，その理由も書きましょう。

・書けない時は空らんのままでよい。書きやすいところから書きこむ。

② グループになり，①のテーマから順に発表し，1回りしたら，②のテーマにうつりましょう。

・選べない時は，その理由を伝え，パスをしてもよい。
・⑩まで行う。

③ グループで振り返りをしましょう。

・自分の考えと友だちの考えの類似点，相違点。
・新しい発見，初めて知ったことなど。

④ 全体に伝えたいことがあったら発表して下さい。

・グループで振り返ったことの内容。みんな聞いてよ。など

次ページ＝ファックス資料 →

ご注文はどっち？

年　組〔　　　　　　　〕

◇あなたがどちらかを選ぶ必要がある時，あなたはどちらを選びますか？

選ぶもの（〇で囲もう）	なぜ？その理由は？
① 社長と副社長	
② 大人と子ども	
③ えんぴつとシャープペン	
④ 金と銀	
⑤ 肉と野菜	
⑥ 右と左	
⑦ ほうきとそうじき	
⑧ 男と女	
⑨ ラーメンとうどん	
⑩ テレビとビデオ	

ミニエクササイズ **9**

あなたならだれにする？

ねらい こんな場面の時ならどんな人と話をしたり，聞いてもらいたいかを選んで，みんなに紹介することで，自己理解を促進する。

対象 高学年

形態 個人，ペア，グループ　　　　**めやすの時間** 15分

準備するもの ワークシート，筆記用具

関連 ゲ＆エ　5・6年　P21「名前でわかるあなたの性格」
　　　　Fax　5年　P74「思春期の変化」

発展として ペアになり，「悩みを解決するにはだれにする。」として伝え合う。

▼活動の流れ ▼進め方，指示や援助

① 自分の希望で，だれかを呼ぶことができるとしたら，どんな時にだれを呼びたいと思うかをシートに書く。

① あなたの希望で，だれかを呼ぶことができるとしたら，どんな時にだれを呼びたいかを，理由もつけてシートに書きましょう。
・書きやすいところから書いてよい。
・夢でもよい。

② グループになり，「困ったことがおきた時」から順に一人ずつ発表する。

② グループごとに，シートをもとに，どんな時にだれを呼ぶのか理由も付けて順に発表しましょう。
・どうしても書けない時は「書けません」と言ってパスをしてもよい。

③ グループシェアリング。

③ グループごとに振り返りをしましょう。
・楽しかった人。
・自分と同じだった人。
・なあるほどと感心した人　など。

④ 全体シェアリング。

④ 全体での振り返りをします。何かみんなにお話したいことがある人は発表して下さい。

次ページ＝ファックス資料 →

あなたならだれにする？

年　　組〔　　　　　　　〕

◇もし次の人を呼ぶことができるとしたら，あなたはどんな時，だれを呼びますか？

スポーツ選手　医者　芸能人　大工さん　総理大臣　社長　けいさつ官　音楽家　学校の先生
かんご婦さん　歌手　家族　ニュースキャスター　ロボット　まんが家　おわらい芸人
その他（ぐたい的に）

☆自分で考えて書きこんでみよう→

どんな時	だれを呼ぶ	なぜ？その思う理由は？
困ったことが おきた時		
うれしい時		
かなしい時		

ミニエクササイズ 10 こんな時わたしは…

ねらい 日頃の自分の行動を振り返り，どんな自分になりたいかを考えるきっかけづくりにする。

対象 高学年

形態 個人，ペア，グループ　　　　**めやすの時間** 15分

準備するもの ワークシート，筆記用具

関連 ゲ＆エ　3・4年　P70「こんなとき，どうする？」
　　　　Fax　4年　P57「ぼく・わたしのなやみ」，5年　P80「友だちとのつきあい」

発展として 「みんなで悩みを話そう」と悩みを聞き合う会を開く。

▼活動の流れ

① さまざまな場面で自分はどんな行動をとるかを書く。（行動と，満足の確認）

② グループになり，シートをもとに，自分が発表しやすいものから，1つずつ順に発表する。

③ グループシェアリング。
・行動の面について。
・満足・不満足について。
・自分に比べて。

④ 全体シェアリング。

▼進め方・指示や援助

① 次の10の場面の時，あなたはどんな行動をとりますか。またそれはあなたにとって満足ですか，不満ですか。シートに書きましょう。

・書きやすいものから，どんどん書く。

② シートをもとに自分が言いやすいものから，グループの人に紹介しましょう。

・1人1テーマで順に紹介する。
・「なあるほど」コールをする。
・質問はしない。

③ グループごとに振り返りをしましょう。

・自分と比べてみる。（まねしたいと思うこと，すごいと感じること，共感できることなど）
・感心したこと　など。

④ グループの振り返りから，みんなに知らせたいことがあれば発表して下さい。

・希望者数人。
・よかったこと　など。

次ページ＝ファックス資料　→

こんな時わたしは…

年　組〔　　　　　　　〕

◇次のような場面の時，あなたはどのような行動をとりますか。また，満足ですか，不満ですか。

	場　面	どのような行動をとるか。	満足・不満
①	みんなの前で失敗してしまった。		満足・不満
②	みんなの前でほめられた。		満足・不満
③	友だちがよいことをしてほめられた。		満足・不満
④	仲よしの友だちとけんかしてしまった。		満足・不満
⑤	みんなと意見がちがってしまった。		満足・不満
⑥	やりたくないことにさそわれた。		満足・不満
⑦	一人さびしそうにしている人がいる。		満足・不満
⑧	だまってごみをひろっているひとがいる。		満足・不満
⑨	友だちにいじわるを言われた。		満足・不満
⑩	学級の代表にすいせんされた。		満足・不満

ミニエクササイズ 11 もし○○になれたら

ねらい 自分の夢や希望を実現するために，何かになれるとしたら何になってどんなことをしたいかをはっきりさせることで，自己理解を促進する。

対象 中学年・高学年

形態 個人，ペア，グループ　　　　**めやすの時間** 15分

準備するもの ワークシート，筆記用具

関連 ゲ＆エ　3・4年　P73「わたしはいったいだれなの？」
　　　　Fax　4年　P80「ぼく・わたしの長所」

発展として　「もし〜ができるとしたら」として実施。

▼活動の流れ

① もし自分が2度変身できるとしたら，どんなものになってどんなことをしてみたいかをシートに書く。
・1つでもよい。

② 書いたものをもとに，「もし○○になれたら」と夢を語る。

③ グループシェアリング。

④ 全体シェアリング。

▼進め方，指示や援助

① 「もし○○になれたら」と思うことを2つ，シートに書きましょう。
・友だちが聞いても分かるように具体的に書く。
・夢でよい。

② グループになり，書いたものをもとに，シートにしたがって順に発表しましょう。
・2つ言えない時は，1つでもよい。
・「なあるほど」コール。

③ グループごとに振り返りをしましょう。
・友だちの発表を聞いて，感心したこと，すごいと思ったことなど。
・あくまでも夢なので，相手の考えを否定しない。

④ 全体に伝えたいことがあったら発表して下さい。
・いいなあと思ったこと。
・相手のよい点。
・自分と比べてみて　など。

次ページ＝ファックス資料　→

もし○○になれたら

　　　　　　　　　　　　　　　　　　　　年　　組〔　　　　　　　〕

◇もしも何かに２度変身できるとしたら，あなたは何になって，どんなことをしたいですか。

☆もしわたしが　[　　　　　　　　　　　]　になれたら，

こんなことをしたいなあ。

２度めは，

☆もしわたしが　[　　　　　　　　　　　]　になれたら，

こんなことをしたいなあ。

ミニエクササイズ 12

○○年後のあなたへ

ねらい 自分の将来の夢や姿を意識し、級友と語ることで、自己理解を深める。
対象 高学年
形態 個人、ペア、グループ　　　**めやすの時間** 15分
準備するもの ワークシート、筆記用具
関連 ゲ&エ　5・6年　P79「10年後のラブレター」
　　　　Fax　4年　P46「15年後のぼく・わたしに手紙を送ろう」
発展として 「○○年前のあなたへ」メッセージを書く。

▼**活動の流れ**

① ○○年後の自分の姿を想像して、短い文章に書く。
　・か条書き。
　・努力によって、実現できそうなもの。

② ペア（やグループ）になり、順番に文章を発表する。
　・聞く側は、肯定的に受け止めながら、「なあるほど」とあいづちをうちながら聞く。

③ 全員が終わったら「質問タイム」をとり、他の人が質問をする。（実現するために役立ちそうなもの）

④ 「アドバイスタイム」をとり、お互いにアドバイスしあう。

⑤ 全体シェアリングをする。

▼**進め方、指示や援助**

① 10・15・20年後など、何年後かのあなたがどうなっているかを考えシートに書きましょう。

・就いてみたい職業、こんな大人になりたいなど。

② 書いたものをもとに、ペアになって○○年後の自分のことを発表する。

・多少現実離れしていてもよい。
「なあるほど」コール。

③ ペアになってお互いに相手に対して質問をしましょう。

・「〜はどうしてますか。」のように仮想のインタビューでよい。

④ お互いに「いつの頃にこうしているといいよ。」と思うアドバイスをする。

・○○年後を意識して。

⑤ 全体で振り返りをしましょう。

・みんなに伝えたいことなど。

○○年後のあなたへ

┌─ 自分で考える　　　　　　　　　　　┌─ 自分の名前

[　　]年後の[　　　　　　　　　　　　　　　　　　　　　]さんへ

あなたは[　　　　　　　　　　　　　　　　　　　　　]になるために，小学生のころからよく努力してきましたね。（えらい！）

↓

小学生　[　　　　　　　　　　　　　　　　　　　　　　　]

↓

中学生　[　　　　　　　　　　　　　　　　　　　　　　　]

↓

高校生　[　　　　　　　　　　　　　　　　　　　　　　　]

↓

[　　]　[　　　　　　　　　　　　　　　　　　　　　　　]

↓

大人　[　　　　　　　　　　　　　　　　　　　　　　　　]

（質問・アドバイスなど）

ミニエクササイズ 13

今だから言えるんですが…

ねらい 失敗してしまったことをしっかり受け止め，失敗を乗り越えたり，同じ失敗を繰り返さないという自分なりの意欲をもつ。

対　象 高学年

形　態 ペア，グループ　　　　　　**めやすの時間** 15分

準備するもの ワークシート，筆記用具

関　連 ゲ&エ　5・6年　P71「実はわたし〇〇なんです」
　　　　　〃　　　1・2年　P71「夏休みにがんばったわたしはだれでしょう」
　　　　　Fax　4年　P56「ぼく・わたしのなやみ」

発展として 名前をふせて掲示しておき，後でだれのものか当てる。

▼活動の流れ

① 失敗の経験を思い出し，シートに記入する。
　A　失敗した内容
　B　どんな気持ちだったか。

② 失敗して分かったことCをワークシートに記入する。

③ グループ内で①，②のことを参考に話をする。
　・1人ずつが発表する。
　・聞く側は「なあるほど」などのあいづちをうつ。

④ 話をして（聞いて）どんな気持ちになったかをシートDに書く。

⑤ 全体シェアリングをする。

▼進め方，指示や援助

① 失敗の経験をしたことと，その時の気持ちをシートのA，Bに書きましょう。

・同じ班の人に知らせてよい内容であること。
・教師の体験談を話す。
・2～3人が発表する。

② 失敗して分かったこと，気づいたことをシートCに書きましょう。

・特にない時は空白のままで，③の時に友だちに教えてもらう。

③ 失敗した経験や気持ちが分かったことをグループの人に聞かせてあげましょう。

・ワークシートA，B，Cをもとに発表する。
・発表した子に「なあるほど」などのあいづちをうつ。

④ 話をして（聞いて）どんな気持ちになりましたか。シートDに書きましょう。

・話をする前と後の気持ち。
・感じたことなど。

⑤ 活動を振り返り，今の気持ちを発表して下さい。

次ページ＝ファックス資料　→

今だから言えるんですが…

　　　　　　　　　　　　　　　年　　組〔　　　　　　　〕

A　失敗してしまったこと

B　どんな気持ちだった？

C　失敗してどんなことがわかった？

D　失敗してしまったことを（聞いて，話して）こう思ったよ。

なあるほどそれで「今だから言えるんだ。」ね。

ミニエクササイズ 14 私はわたしよ！

ねらい 自分の個性を確かめると同時に友だちの個性も尊重することにより、お互いの親近感を増す。

対　象 中学年・高学年

形　態 個人，ペア，グループ，一斉　　　**めやすの時間**　15分

準備するもの ワークシート，筆記用具

関　連 ゲ＆エ　5・6年　P71「実はわたし〇〇なんです」
　　　　　Fax　3年　P26「夏休みの体験発表会の計画を立てよう」

発展として 名前をふせて書いてあるものを読み上げだれかをあてさせる。

▼活動の流れ

① 自分がクラスの友だちと違っていること，めずらしい体験や友だちが知らない秘密の話などを3つ考えてシートに書く。

② シートを集めて適当な順番にならべておく。1人めは教師が読み上げて，だれかを当てる。

③ 2人め以降は読まれた人が前に出て来て次の友だちのものを読み上げる。

④ 全体シェアリングをする。

⑤ 振り返りをする。

▼進め方，指示の援助

① 「私はわたしよ！」と思う，自分だけが知っている体験や秘密の話などを3つ考えてシートに書きましょう。

・友だちに知らせてもよい内容。
・昔の話でもよい。

② 1人めの人のものを先生が読みますので，だれかをあてて下さい。

・「私はわたしよ！〜，〜，〜わたしは，だれでしょう。」というクイズ形式。
・正解者をほめる。

③ 読まれた人が前に出て，次の友だちのものを読み上げましょう。

④ 全体で振り返りをしましょう。

・印象に残ったこと。
・おどろいたこと　など。

⑤ シートの下に自分の振り返りを書きましょう。

次ページ＝ファックス資料 →

私はわたしよ！

年　　組〔　　　　　　　〕

- クラスの友達と違うなあと思うこと
- こんな体験をしたことがある
- 友達が知らない秘密（今なら教えてもいい）の話　など

◎次の例を参考にして書いてみてね！

「幼稚園の時，うでを骨折したことがある。」「茶道を習っている。」
「前にテレビに映ったことがある。」「生まれてから４回引っ越した。」
「手品で得意技がある。」「〇〇選手とあくしゅしたことがある。」

◇　「私はわたしよ！」をしてみて感じたことを振り返ってみましょう。

① 今日の活動は楽しかったですか。　　　とても ├──┼──┼──┤ あまり

② 友達のすてきなところがみつかった。　とても ├──┼──┼──┤ あまり

③ 友達の新しい発見があった。　　　　　とても ├──┼──┼──┤ あまり

④ もっとくわしく聞いてみたい人がいた。とても ├──┼──┼──┤ あまり

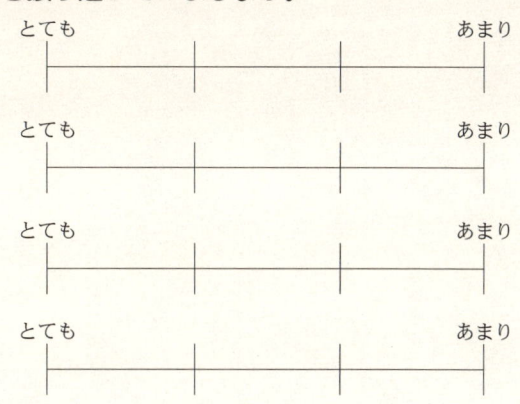

⑤ 「私はわたしよ！」をして気がついたこと，感じたこと，分かったことは何ですか。

第3章　仲間のよさを見つめる
★他者理解を促進するためのミニエクササイズ

① ともだち見つけた　［低～高学年／一斉］

② 好きな〇〇は？　［低～高学年／個人・ペア・グループ・一斉］

③ この指と～まれ　［低～高学年／グループ・一斉］

④ あなたはだあれ？　［中・高学年／個人・ペア・グループ・一斉］

⑤ みんなの夢なあんだ　［中・高学年／グループ・一斉］

⑥ いいメールしよう　［中・高学年／個人］

⑦ わが班は〇〇である　［低～高学年／グループ］

⑧ 言葉のプレゼント　［低～高学年／個人・グループ・一斉］

⑨ 心のキャッチボール　［高学年／ペア・グループ］

⑩ 〇〇さん　ＰＲ大作戦！　［中・高学年／個人・ペア・グループ・一斉］

⑪ 心の表彰台　［中・高学年／グループ・一斉］

⑫ WANTED＝この人を探せ　［低～高学年／一斉］
　　ウォンテッド

⑬ えんぴつ対談　［中・高学年／ペア］

⑭ ｉメッセージ　［高学年／グループ］
　　あい

ミニエクササイズ

1 ともだち見つけた

ねらい 無言で同じ色の仲間をさがし，グループをつくることを通して，友だちがいることの安心感や，協力することの大切さに気づく。

対　象 低学年・中学年・高学年　　　　**めやすの時間** 15分

形　態 一斉

準備するもの ワークシート，筆記用具，色紙，洗濯ばさみ

関　連 ゲ＆エ　3・4年　P48「いいとこみっけ！ゲーム」，P92「友達のよさやがんばり調べ」
　　　　　　Fax　2年　P26「がんばっていることを紹介しよう」

発展として 画用紙に〇△□☆などの形をかいてエクササイズを行う。

▼活動の流れ	▼進め方，指示や援助
① 1つの大きな円になり内側を向いていすにすわる。（5〜6色ずつ人数分）色紙を裏にして（裏が白のもの）1人1枚ずつ配る。	① 1つの大きな円になり，内側を向いていすにすわりましょう。　今から色紙を裏（白面）にしてまわします。表の色は見てはいけません。友だちにも見せないで下さい。（2つ折り　裏面）
② 全員時計回りの方向を向き，隣りの人のえり元に洗濯ばさみで手にもっている色紙をつける。	② 全員左側を向きましょう。そして隣りの人のえり元に洗濯ばさみで色紙の色面が見える方を表にしてつけて下さい。 ・本人には何色かを伝えないようにする。
③ リーダー（教師）の合図で，同じ色の仲間を探す。ただし，自分の背中が何色なのかはよく分からないので，互いに協力して聞きあいながら，同じ色（友だち）を見つける。	③ さあこれからあなたの背中の色と同じ色の友だちを見つけます。何色が何人かは分かりません。5分以内に自分の色と同じ仲間（友だち）を探し出しましょう。スタート。 ・自分が何色かを友だちに聞いてもよい。
④ 同じ色の仲間が集まれたかを確かめる。	④ 「やめっ。」仲間が集まれたか確かめます。「赤」「全員そろいました。おめでとう。」… ・1色ずつ確かめる。 ・「すごいなあ」コール。 ※「自分は赤だと思う人？」のように聞くこともできる。
⑤ 自分の気持ちを確かめ，シートに書く。（気持ち，グラフ）	⑤ 自分の気持ちを確かめるように，シートに振り返りをしましょう。

次ページ＝ファックス資料 →

ともだち見つけた

年　組〔　　　　　　　　　　〕

◇今日の活動「ともだち見つけた」で，自分の気持ちを確かめてみよう。

① <u>はじめる前</u>

② <u>活動中</u>

③ <u>終わってから</u>

◇グラフにあてはめてみると

	例			①はじめる前	②活動中	③終わってから
	①	②	③			
うれしい 10			③			
5		②				
0	①					
不安 5						
10						

ミニエクササイズ 2

好きな○○は？

ねらい　いくつかの中から選ぶとしたら自分は何にするかを決め，仲間として集まることができる。（自分と似た好み・違う好み）

対　象　低学年・中学年・高学年

形　態　個人，ペア，グループ，一斉　　**めやすの時間**　15分

準備するもの　ワークシート，筆記用具

関　連　ゲ＆エ　3・4年　P38「自分のよさをみんなに知ってもらおう」，P65「どうぞよろしく」

発展として　選ぶテーマを変える。

▼活動の流れ

① 4つの中から自分の好きなものを選ぶことを知り，シートに記入する。

② シートをもとに①から順にリーダー（教師）の指示で仲間集めをする。

③ 集まった時に，それを選んだわけやキーワードなどをお互いに伝えあう。
　握手をして別れ，次のテーマにチャレンジする。

④ 全体シェアリング。

⑤ 振り返りをする。

▼進め方，指示や援助

① 次のテーマのうち4つの中だったら何がよいかを選び，選んだわけをシートに書きましょう。

② 先生の合図で，仲間集めをします。自分と同じものを選んだ人と集まりましょう。
・4つのコーナーを示し，そこに集まるようにするとよい。
・「自分だったら」を大切にしたい。

③ 集まったら，それを選んだわけやキーワードなどをお互いに伝えましょう。
・選んだもののよさが分かるようなこと。
・①，②…の順で進める。

④ みんなで振り返りをしましょう。気がついたことなどを教えて下さい。
・選んだもののこと。
・同じものを選んだ人について。

⑤ 振り返りコーナーをしましょう。

好きな○○は？

年　組〔　　　　　　　　　〕

◇つぎのテーマで、4つのものから1つだけえらぶとしたら、なにがいいかな？　あとでなかまあつめをするので、かんがえておこう。

〔色〕4つのえらぶもの（○でかこもう）　　えらんだわけ

① （赤, 青, きいろ, みどり）⇒

〔色Ⅱ〕
② （金, 銀, 白, 黒　　）⇒

〔形〕
③ （ ○ , △ , □ , ☆ ）⇒

〔矢印〕
④ （ ↑ , ↓ , ⇒ , ⇐ ）⇒

〔のりもの〕
⑤ （バス　電車　トラック　バイク）⇒

〔食べ物〕
⑥ （ラーメン　カレーライス　スパゲッティ　グラタン）⇒

〔振り返りコーナー〕　　　　　　　　　　　　　　　はい　少し　あまり　いいえ
① 自分の好きなものをはっきり伝えることができた。
② 仲間を集めることができた。
③ 友だちのことで新しい発見ができた。

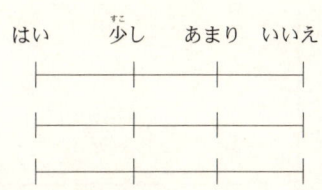

ミニエクササイズ 3　この指と〜まれ

ねらい　自分の好みや趣味などを主張しながら自己理解を促進する。
　　　　　自分と友だちとの共通点や違いを温かい心で受け止め相互理解を深める。

対　象　低学年・中学年・高学年

形　態　グループ，一斉　　　　　　　**めやすの時間**　15分

準備するもの　ワークシート，筆記用具

関　連　ゲ＆エ　3・4年　P27「あなたとわたしはピッタンコ!?〜ペアをさがせ〜」

発展として　ある程度限定したもの（4つ位）だったらどれがいいか，その中から選ばせる。

▼活動の流れ

① 同じ仲間を集めて指につながる「この指と〜まれ」をすることを知る。

② シートにあてはまる言葉や数を記入する。

③ シートをもとに，リーダーの指示で，「この指と〜まれ」をする。

④ 今日の活動を振り返り，気持ちをシートに書く。

⑤ 振り返りをする。

▼進め方，指示や援助

① 同じ仲間を集めて指につながる「この指と〜まれ」をしましょう。

・何人でもよい。1人の場合もありえる。

② 確認の意味で，シートに記入しましょう。

③「生まれた月集まれ！」の指示で，指をつなぎながら同じ仲間集めをしましょう。

・生まれた月，兄弟・姉妹の順で仲間集めをする。

④ 仲間集めが終わりました。今日の気持ちをシートに書きましょう。

・前，中，後の気持ちの変化を振り返り，シートに書く。

⑤ 振り返りコーナーをしましょう。

次ページ＝ファックス資料 →

この指と～まれ

年　組〔　　　　　　　　　〕

◇いろいろなテーマを言いますので，同じ仲間をさがして指をつなぎ，集まります。自分だったら何になるかを考えておきましょう。

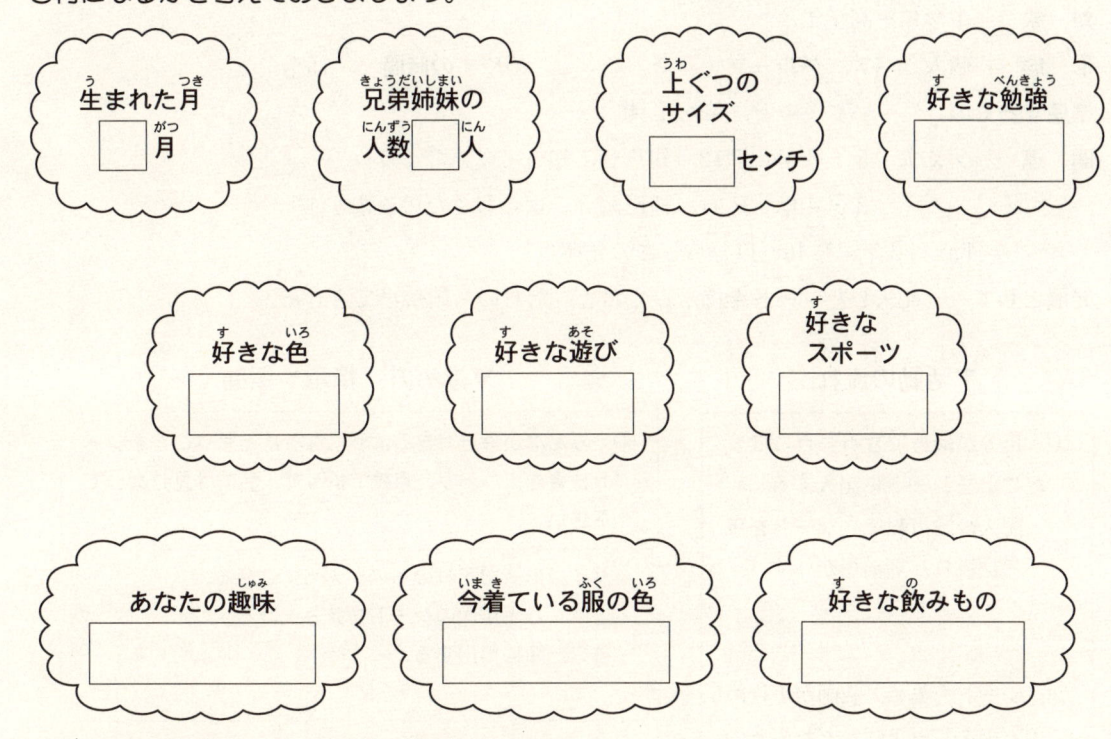

- 生まれた月　□月
- 兄弟姉妹の人数　□人
- 上ぐつのサイズ　　　センチ
- 好きな勉強
- 好きな色
- 好きな遊び
- 好きなスポーツ
- あなたの趣味
- 今着ている服の色
- 好きな飲みもの

◇今日の活動を振り返り，あなたの気持ちを書きましょう。

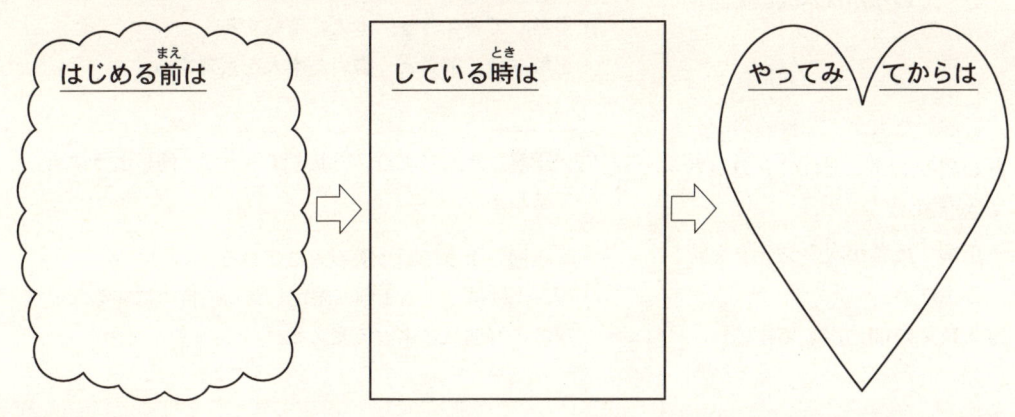

はじめる前は → している時は → やってみてからは

〔振り返りコーナー〕　　　　　　　　　　　　　　はい　少し　あまり　いいえ
① 自分の好みをはっきりさせ取り組むことができましたか。
② 自分と同じものを選んだ友だちがわかりましたか。
③ 自分とちがうものを選んだ友だちがわかりましたか。

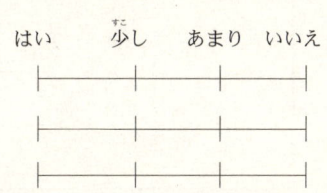

ミニエクササイズ **4**

あなたはだあれ？

ねらい 友だちのよさからそれがだれなのかを当てることで，友だちのことを知ることができる。

対象 中学年・高学年

形態 個人，ペア，グループ，一斉　　**めやすの時間** 15分

準備するもの ワークシート，筆記用具

関連 ゲ&エ　5・6年　P12「知らせて知って友達づくり」
　　　　〃　　3・4年　P21「他己紹介。よろしくたのみます！」
　　　　Fax　6年　P46「自分らしさの発揮」

発展として 記入したシートを掲示しておき，だれのものか当てさせる。

▼活動の流れ

① 自分が最近できるようになったことをシートに記入する。
 ・記入後，点線で，シートを後ろに折り，名前をかくす。

② シートを集め，教師が1枚めのものを読み上げ，だれのものかを当てさせる。
 ・あっているかは本人に確認。

③ 正解した人が，2枚めのシートを読み上げ，だれのものか当てさせる。
 ・正解した者が次のシートを読み上げる。
 ※人数・時間に応じてする。

④ 全体シェアリング。

▼進め方，指示や援助

① みんなが最近できるようになったと思うことをシートに書きましょう。点線で折って，名前は見せないで下さい。

・クイズ形式でだれのものかを当てさせる。
・正解した者が次のシートを読み上げる。
・書いた順に提出する。

② 1枚めを読み上げます。「〜です。〜です」「さあ，わたしはだれでしょう。」

・指名して答えさせ，本人に確認する。
・正解なら正解者と，書いた本人を賞賛する。

③ 正解した人が次のシートを読み上げ，同じように当てましょう。

・②と同じようにし，次の人に変わる。
・読み上げは，1人1回に限定したり，自由にするなどクラスの雰囲気によって変える。

④ クラス全体で振り返りをしましょう。

・自分のことについて。
・友だちのことについて　など。

次ページ＝ファックス資料 →

あなたはだあれ？

◇ わたしが，最近できるようになったことは？

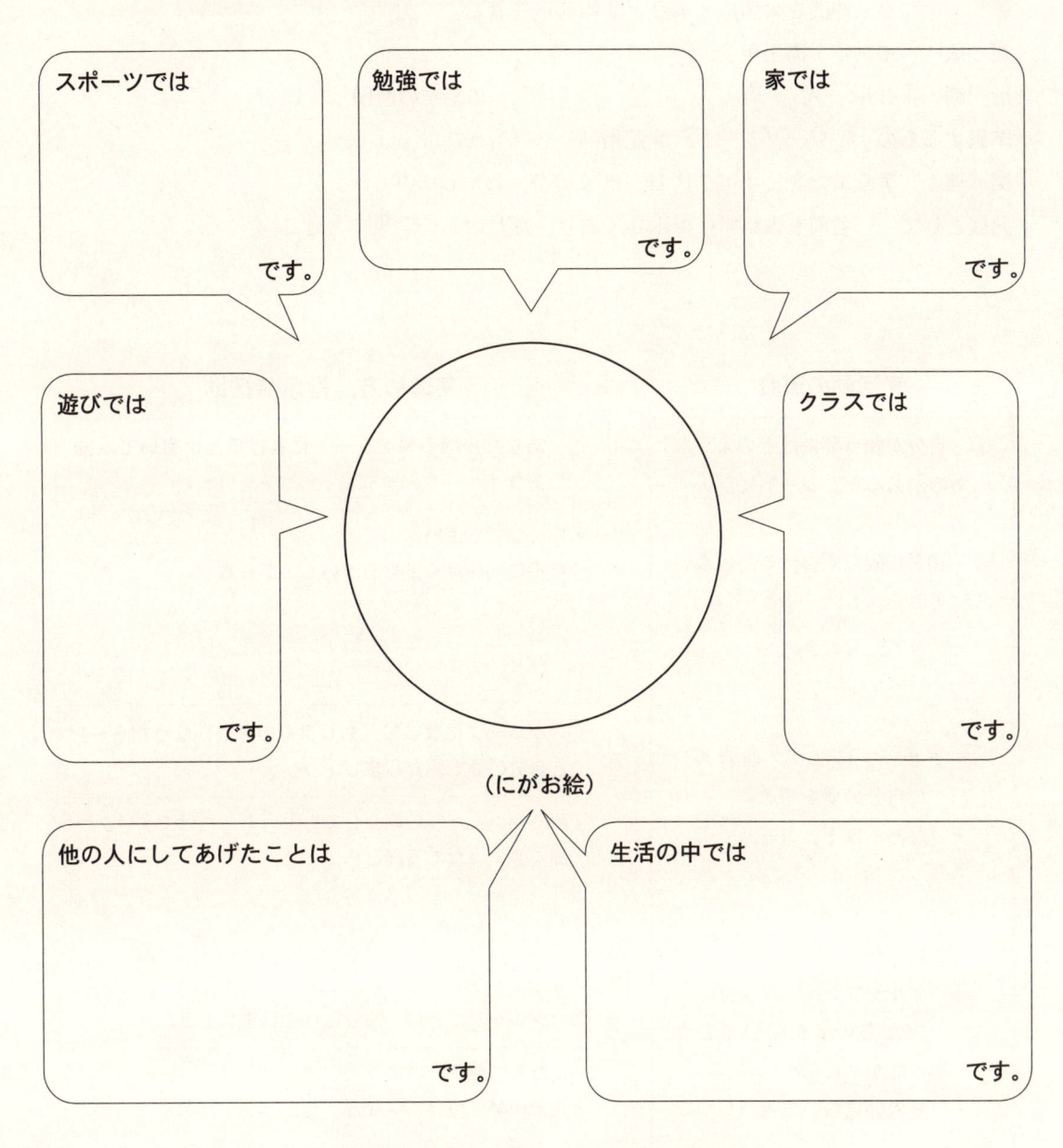

- スポーツでは　　　　　です。
- 勉強では　　　　　です。
- 家では　　　　　です。
- 遊びでは　　　　　です。
- クラスでは　　　　　です。

（にがお絵）

- 他の人にしてあげたことは　　　　　です。
- 生活の中では　　　　　です。

さあわたしが分かりますか？答えは

------- 折り線（ここからうしろに折る） -------

| 名前 | |

折り線　　　　　　　　　　　　　　　　　　　　です。

ミニエクササイズ 5

みんなの夢なあんだ

ねらい　自分の夢を友だちに語ったり，友だちの夢を聞くことで一人一人のよさや違いに気づき，仲間を大切にしようとする態度を育む。

対象　中学年・高学年

形態　グループ，一斉　　　　　　　**めやすの時間**　15分

準備するもの　ワークシート，筆記用具

関連　ゲ＆エ　3・4年　P41「ぼくの夢，わたしの夢」

発展として　名前を書かずに掲示しておき，だれのものか当てさせる。

▼活動の流れ　　　　　　　　　　　　　▼進め方，指示や援助

① 自分が願う夢にはどのようなものがあるか。シートに記入する。
・10こに限らず書けるだけ書いてみる。

① あなたが願う夢をシートに書けるだけ書いてみましょう。
・いくつでもよい。
・順番に関係なく書きやすいものから書く。

② グループになり，他のメンバーに自分の夢を語る。
・「なあるほど」コール。

② グループになって「もし自分の夢がかなうなら～」と自分の夢を紹介しましょう。
・語る側：友だちに紹介してもよいものだけでよい。
・聞く側：「なあるほど」コール。

③ グループシェアリング。
・「友だちの夢を聞いてどう思ったか？」（シート）
・自分の夢についてどう思う。

③ グループごとに，振り返りをしましょう。
・友だちの夢について。
・自分の夢について　など。

④ 振り返りをする。

④ 振り返りコーナーをしましょう。

次ページ＝ファックス資料　→

みんなの 夢(ゆめ) なあんだ。

年　　組〔　　　　　　　　〕

◇もしあなたの夢が10こかなうとしたら，どんなことをしてみたい？

①	②
③	④
⑤	⑥
⑦	⑧
⑨	⑩

・「もし夢がかなうなら～」に続けて友だちに夢を語ろう。

◇友だちの夢を聞いてどう思った？

〔振り返りコーナー〕　　　　　　　　　　　　　　はい　　少し　あまり　いいえ
① 自分の夢やしたいことがはっきり言えましたか。
② 友だちのことについて新しい発見がありましたか。
③ 夢をかなえようという気持ちがしましたか。

ミニエクササイズ
6 いいメールしよう

ねらい　言葉では言いにくい相手のよさをメール（文章化）することで，互いのよさを伝えることができる。

対象　中学年・高学年

形態　個人　　　　　　　　　　**めやすの時間**　15分

準備するもの　筆記用具，いいメールカード（ハガキ大）

関連　ゲ＆エ　5・6年　P 24「いいメールを交換し合おう」

発展として　「今日のヒーロー」や「誕生日のメッセージ」などを決め，みんなで送る。

▼活動の流れ

① 「いいメールしよう」シートにメールNo.，趣味などを書く。
・教室に掲示する。

② ＜いいメールカード・返信カードの作り方＞を参考に，カードを作り，相手に送る（送信）。
〔送る条件〕
・日頃の生活の中で気づいた友だちのよさ，してもらってうれしかったことなど。
・もらった側が受けとってよろこびそうなメッセージ。

③ いいメールカードを，掲示したシートにはりつけ，返信カードを送る。

④ 返信カードをはりつける。

▼進め方，指示や援助

①「いいメールしようシート」の上半分に自分のメールNo.を決め，ホームページを書きましょう。

・書いたものは教室に掲示する。
・下半分はとどいたメールカードをはりつける。

②＜いいメールカードの作り方＞を参考に，カードを作り，送る相手に「いいメール」を送りましょう。

・相手のよさ，してもらってうれしかったこと，感謝の気持ちなどを記入。

○カードの作成　　　　●返信カードを受け取り
　　↓　　　　　　　　　シートにはりつける
○いいメールボックス
　　　　（係が配布する）
　　↓　　　　　　　　　　↑
○本人へ　　　　　　　●いいメールボックス
　　↓　　　　　　　　　　↑
○本人のホームページ（シートの下半分）にはりつける。　●返信カードの作成

次ページ＝ファックス資料　→

✉ いいメールしよう

年　　組〔　　　　　　　〕

イニシャル　出席番号

No. □□□□

<例>
山田太郎出席番号7番の時

Y T 0 7

○趣味

○特技

○がんばり
　たいこと

<にがおえ>

〜〜〜〜〜〜〜〜〜〜〜〜〜〜〜〜〜〜〜〜〜〜〜〜〜〜〜

○もらったいいメールをはりつけよう！

<いいメールカードの作り方>

山田太郎さん YT07
（メッセージ）

　　　　　　KT18より

→

山田太郎さん YT07

→

いいメール
ボックス

本人へ
↑

しっかりおろう！

↑
先生からいいメールカード用の
用紙をもらおう

<いいメール返信カードの作り方>

加山太郎さん KT18
（メッセージ）

　　　　　　YT07より

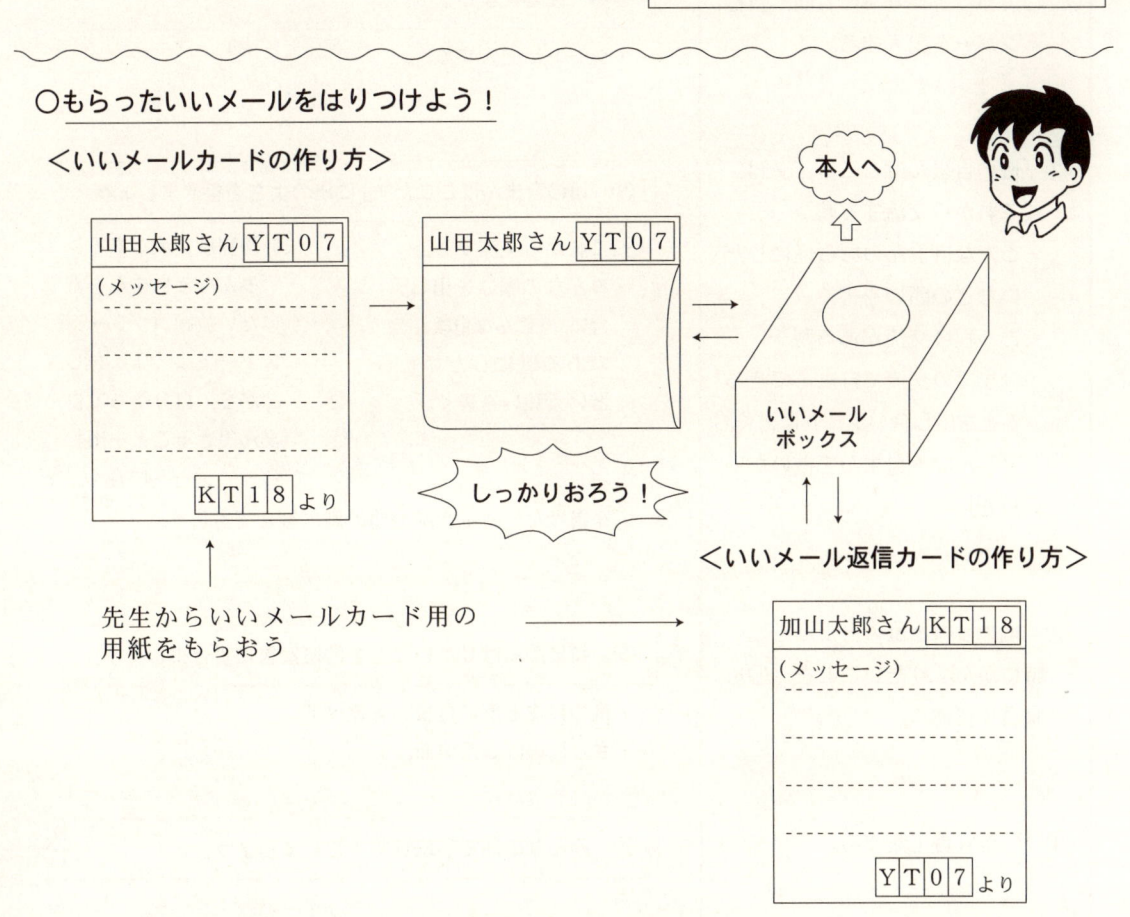

ミニエクササイズ 7

わが班は〇〇である

ねらい 自分たちの班のよさや仲間のよさに気づき，他の班に自分たちの班のよさをアピールすることで仲間意識が育つ。

対　象 低学年・中学年・高学年

形　態 グループ　　　　　　　　　**めやすの時間** 15分

準備するもの ワークシート，筆記用具

関　連 ゲ&エ　3・4年　P57「〇〇班がクラス1」，P91「グループの協力」
　　　　　Fax　4年　P42「学級のよいところ発表会をしよう。」

発展として 教室内に掲示し，さらに実行できた時は，シールをはりつける。

▼活動の流れ

① グループになり「わが班は〇〇である」シートに名前，目標，メンバーを記入する。

② 「班の自まんはここだ！」は，
＜これから交流する時＞
・こんな自まんのある班にしたいなどの願いを書く。
＜ある程度交流がある時＞
・今までの交流で自まんできることを出し合いシートに書く。
・「みんなで自まんを言いたい放題」

③ 班の目標と班の自まんを比べ，特にがんばりたいことを「〇班宣言」に書く。

④ 〇班宣言！をする。

▼進め方，指示や援助

① グループをつくり，シートに班の名前や目標メンバーを書きましょう。

・シートに記入する。

② 「班の自まんはここだ！」に班のよさを書きましょう。

＜これから交流する＞
・みんなの願いを出し合い，「こんな自まんのある班にしたい」という願いを書く。

＜ある程度交流がある＞
・「みんなで自まんを言いたい放題（ブレーンストーミング）」をしながら，自分たちで自まんできることを出し合い，シートに書く。

※書けない時は教師や他の班に教えてもらう。

③ 特にがんばりたいことを〇班宣言に書きましょう。

・班の目標と班の自まんを比べて。
・さらにのばしたい面。

④ みんなの前で〇班宣言！をしましょう。

わが班は○○である

（　　　　）班

○班の名前

○班の目標

○班のメンバー

○班の自まんはここだ！

○わたしたちはこれをがんばります。

班宣言！
- ○
- ○
- ○

ミニエクササイズ 8　言葉のプレゼント

ねらい　　友だちのよさを見つけ言葉をプレゼントすることで仲間のよさに気づく。
対　象　　低学年・中学年・高学年
形　態　　個人，グループ，一斉　　　　めやすの時間　　15分
準備するもの　　ワークシート，筆記用具，台紙用画用紙，のり
関　連　　ゲ＆エ　５・６年　P63「気になる自分！」，P81「あなたのここがすてき」
　　　　　Fax　５年　P18「みんなのじまんかいをしよう」
発展として　　書いてもらったカードを台紙にはり，互いに見合えるように掲示する。

▼活動の流れ

① ＜事前に＞
・友だちのいいなあ，すばらしいなあと思うことをノートにメモするなどして６人見つけておく。（男女別に３人ずつ）

② 「言葉のプレゼント」メッセージカードに６人分書きこみ，切りとっておく。

③ 画用紙（台紙）に記名したものを自分の机の上に置く。その上にメッセージカードをのせていく。

④ 集まったカードを読みながらのりではりつける。

⑤ 全体シェアリング。

▼進め方，指示や援助

① 今度言葉のプレゼントをしますので，６人の友だち（男女３人ずつ）のすばらしいなあと思うところを見つけておきましょう。（できるだけ同じ班の人）

② 「メッセージカード」に友だちのよさを書き，それぞれ６枚に切りとっておく。

・同じ班の人１枚ずつと，その他の何人かにするなどしておくと，全員いきわたる。

③ 台紙に名前を書き，自分の机の上に置きます。その上に友だちにプレゼントするカードを置いていきましょう。

・一斉に置けるように，机の配置を工夫する。

④ 集まったカードを読みながら，台紙にのりではりつけましょう。

・時間がない時は，カードを読む程度にとどめる。

⑤ 全体で振り返りをしましょう。

次ページ＝ファックス資料　→

「言葉のプレゼント」メッセージカード

年　　組〔　　　　　　　〕

◇友だちについて「すごいなあ。」「いいなあ。」と思ったことをカードに書き，言葉といっしょにプレゼントしましょう。

＜例＞・すばらしいと思うこと・感心すること・まねしたくなるようなことなど

〔　　　　　〕さんへ
わたしが見つけたあなたのすばらしさは…

です。

【　　　　　より】

〔　　　　　〕さんへ
わたしが見つけたあなたのすばらしさは…

です。

【　　　　　より】

〔　　　　　〕さんへ
わたしが見つけたあなたのすばらしさは…

です。

【　　　　　より】

〔　　　　　〕さんへ
わたしが見つけたあなたのすばらしさは…

です。

【　　　　　より】

〔　　　　　〕さんへ
わたしが見つけたあなたのすばらしさは…

です。

【　　　　　より】

〔　　　　　〕さんへ
わたしが見つけたあなたのすばらしさは…

です。

【　　　　　より】

ミニエクササイズ 9

心のキャッチボール

ねらい 自分の素直な気持ちを分かりやすく表現し合うことで，自己理解を促進し，相互の信頼関係を築く。

対　象 高学年

形　態 ペア，グループ　　　　　　**めやすの時間** 10分

準備するもの ワークシート，筆記用具，軟らかいボールまたはハンカチを丸めてもよい。

関　連 ゲ＆エ　1・2年　P55「卵のロールプレイング」
　　　　　Fax　5年　P64「みんなで悩みを語り合う」

発展として ふだんあまり話をしたことがない友だちとペアになる。

▼活動の流れ	▼進め方，指示や援助
① 2人組になり，無言でキャッチボールをする。 ・1分間	① 同じグループ（4人）のうち，1回めのペアをつくり，無言でキャッチボールをしましょう。 ・1分間無言でキャッチボールをする。 ・した後でどんな気持ちかを振り返る。（全体で）
② 相手に投げる時に，お互いに何かひとこと言いながら投げる。（1分間） ・事前にシートに相手に伝えたい内容を記入しておく。	② 同じ相手にひとこと言いながら1分間心のキャッチボールをしましょう。 ・伝えたい内容は事前にシートに記入しておく。 ・言いにくい時は，何気ない会話でもよい。
③ ペアの相手を変えて，①，②の要領でキャッチボールをする。 ・相手を変えて3人とする。	③ ペアの相手を変えて，2回心のキャッチボールをしましょう。 ・相手の気持ちを受け止めることができたか。 ・自分の考えをはっきり伝えることができたか。
④ 全体シェアリング。 ・キャッチボールをして。 ・言われた言葉についてなど。	④ 全体で振り返りをしましょう。気づいたことや新しい発見などがあれば，教えて下さい。 ・どんな気持ちだったか。 ・伝えたいことが伝えられたか。
⑤ 振り返りをする。	⑤ 振り返りコーナーをしましょう。 ・シートに記入する。

心のキャッチボール

年　　　組〔　　　　　　　〕

◇これから心のキャッチボールをします。手順は次の通りです。

> ①　2人組になり，無言でキャッチボールをします。（3回ずつ）（1分程度）
> ②　次に相手に投げるときに何かひとこと言いながら，投げます。（1分程度）
> ③　ペアの相手を変えて，①，②のようにキャッチボールをします。

◇キャッチボールをする人は，同じグループの人です。だれにどんなことを言うか，メモしておきましょう。

＜例＞感心したこと，すばらしいと思うこと，相手の良さなど

相手	伝えたい内容（こんな場面を見て，こう思ったよ）
（　　　）さん	
（　　　）さん	
（　　　）さん	

〔振り返りコーナー〕　　　　　　　　　　　　　　　　　はい　少し　あまり　いいえ
①　心のこもったひとことを相手におくることができた。　├──┼──┼──┤
②　相手の気持ちを受け止めることができた。　　　　　　├──┼──┼──┤
③　自分や友だちのことについて新しい発見があった。　　├──┼──┼──┤

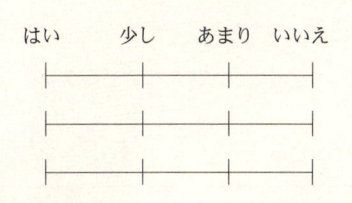

ミニエクササイズ **10**

○○さん　ＰＲ大作戦！

ねらい　同じグループの友だちにインタビューし，聞いたことをもとにポスターにまとめる。まとめたものを全体にＰＲし，友だちのよさをアピールする。

対　象　中学年・高学年

形　態　個人，ペア，グループ，一斉　　**めやすの時間**　15分

準備するもの　ワークシート，筆記用具，８つ切画用紙人数分

関　連　ゲ＆エ　３・４年　Ｐ73「わたしはいったいだれなの？」
　　　　　　〃　　５・６年　Ｐ21「名前でわかるあなたの性格」
　　　　　Fax　６年　Ｐ58「素敵な私，素敵なぼく」

発展として　ポスターを掲示しておき，「だれでしょうクイズ」にして当てさせる。

▼活動の流れ

① ＰＲ大作戦の手順①～③を確かめる。

② グループで１人ずつインタビューし，シートにメモする。
・メモしたものから，作戦会議で使えそうなものを○で囲む。

③ メモをもとに画用紙に友だちのＰＲポスターをかく。
・１人１枚かく，かく内容を分担するなどして仕上げる。

④ ポスターをかかげながら，ＰＲタイムをし，友だちのよさをうりこむ。

⑤ 振り返りをする。

▼進め方，指示や援助

① シートの手順に従って「○○さん　ＰＲ大作戦」をします。①～③の手順を確かめましょう。

・時間がかかりそうな時は，インタビューまでを事前にさせておくとよい。

② グループで１人ずつインタビューし，シートにたくさんメモしましょう。メモしたものの中から使えそうなものを○で囲みましょう。

③ 画用紙にＰＲポスターをかきましょう。

〔１人１枚ずつかく〕
・友だちのメモも参考に似顔絵や友だちのよさを仕上げる。

〔かく内容を分担する〕
・似顔絵係，アピール係など分担してポスターを仕上げる。

④ ○班の人たちのＰＲタイムを始めます。（ポスターは黒板にマグネットなどではりつける。）

・時間がかかりそうな時は，何回かに分けてＰＲタイムをするようにする。

⑤ 振り返りコーナーをしましょう。

次ページ＝ファックス資料　→

○○さん ＰＲ大作戦！

　　　　　　　　　　　　　　　　　　　年　　組〔　　　　　　　〕

◇今から同じグループの友だちをＰＲする大作戦を始めます。手順にしたがって○○さんをしっかりＰＲしましょう。

〔手順〕

① いろいろインタビューをする。

　　＜例＞趣味，好きな食べ物，好きな歌手，好きなこと，得意なこと，大切にしていること，宝物など。

② インタビューしたものをもとにグループでポスター（8つ切画用紙大）をつくる。（ＰＲできるよさをはっきりさせることがポイント！）

③ 全体の前でＰＲタイムをし，○○さんをうりこむ。

◇インタビューメモ　※つかえそうなものを○で囲んでおこう！

だれ	さん	さん	さん
インタビューした内容			

〔振り返りコーナー〕　　　　　　　　　　　　　　　　はい　少し　あまり　いいえ

① 友だちのことで新しく知ったことがあった。

② 友だちのよさを進んで見つけようとした。

③ 全体の前でしっかりＰＲ（発表・ポスターかきなど）できた。

ミニエクササイズ 11　心の表彰台

ねらい　　友だちに選んでもらったよさやすばらしさの中から，自分なりにランクづけをし，そのわけを友だちに知ってもらう。

対　象　　中学年・高学年
形　態　　グループ，一斉　　　　　めやすの時間　　15分
準備するもの　　ワークシート，筆記用具
関　連　　ゲ＆エ　3・4年　P62「わたしはあなたのエンゼル」，P83「いいとこ大発見!!」
　　　　　Fax　5年　P18「みんなのじまん会をしよう」
発展として　　名前をふせて紹介し，だれのものか当てさせる。

▼活動の流れ

① 「心の表彰台」の手順を確かめる。
・友だちのよさを伝える。
　↓
・自分なりのランキングをする。

② 同じグループの友だちのよさやすばらしさを，友だちのシートに書き，順に回して全員書きこむ。

③ 書いてもらったよさで，自分が気にいった順にランキング（1位～3位）し，表彰台に書く。

④ グループで自分のベスト3を発表する。
　・選んだわけも伝える。
　・「すばらしい」コール。

▼進め方，指示や援助

① 「心の表彰台」ワークシートに名前を書き，手順を確かめましょう。

・友だちに書いてもらう。
　↓
・自分なりにランキングをつける。
　↓
・ベスト3を宣言する。

② 友だちのよさやすばらしさを，その友だちのシートに順に書きこみましょう。

・1人1分位で，順に回す。

③ 書いてもらったよさで自分が気にいった順に表彰台に書きましょう。

・そのようなランキングにしたわけも書く。

④ グループ内で自分のベスト3を発表しましょう。そのようにしたわけも言いましょう。

・「すばらしい」「ブラボー」「なあるほど」などのコールをする。

次ページ＝ファックス資料　→

心の表彰台

　　　　　　　　　　　　　　　　年　　組〔　　　　　　　　〕

◇あなたのよさやすばらしいところはここだ！！　　　　　　友だちに書いてもらう

| （　　　　　）より | （　　　　　）より | （　　　　　）より |

◇友だちが書いてくれたものの中からベスト3を選びましょう。

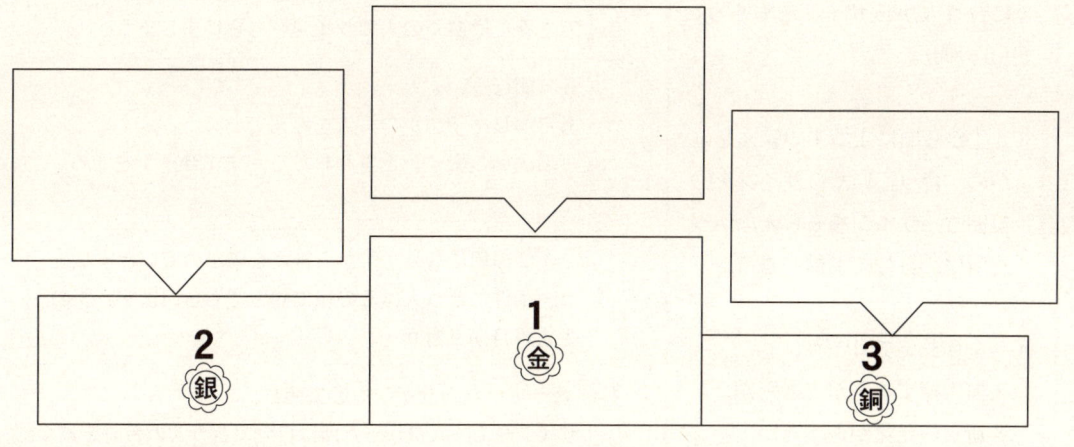

　　　　2　　　　1　　　　3
　　　　銀　　　　金　　　　銅

●ベスト3に選んだわけは？

ミニエクササイズ 12

WANTED＝この人を探せ
（ウォンテッド）

ねらい　あまり話をしたことがない友だちのことを知り，お互いの親近感を深める。

対象　低学年・中学年・高学年

形態　一斉　　　　　　　　　　　　　**めやすの時間**　15分

準備するもの　ワークシート，筆記用具

関連　ゲ＆エ　1・2年　P79「チャンピオンをさがせ」
　　　　　〃　　　5・6年　P58「特命リサーチ〜この人をさがせ」

発展として　条件を難しくする。

▼活動の流れ

① 「WANTED＝この人を探せ」のシート①〜⑬を読む。それぞれの条件に合う人を探し出し，サインをもらうことを確かめる。

② 「この人を探せ」を始め条件に合う人からサインをもらう。（5分間）

③ ①から順に1つずつ答えを確かめ，合っていたらサインを○で囲む。サインをもらえなかった所は，自分で名前を書く。

④ 全体シェアリング。
・何人探すことができたか。
・新しい発見があったか。
・今度はどんな条件の人を探してみたい。など

▼進め方，指示や援助

① ワークシート①〜⑬を読みましょう。今日は，この文に合う人を探しサインをもらいましょう。

・サインは，だれでも読める程度のものにする。
・できるだけ多く集める。

② 合図で始めます。合う人は1人とは限らないので，できるだけ多くの人にサインをもらいましょう。

・5分間行う。
・あらかじめ予想がつく人を考えておく。
・「お願いします」と言われたら，まずサインをする。

③ 1つの円になり，①から答えを確かめていきましょう。条件に合う人はその場に立ってもらいます。①の生まれ月が9月か…。

・合っていたらサインを○で囲む。
・サインをもらえなかった所は自分で合う人の名前を書く。

④ 「WANTED＝この人を探せ」をしてみて，どうでしたか，今の気持ちを教えて下さい。

・やってみた感想。
・気づいたこと　など。

次ページ＝ファックス資料　→

WANTED＝この人を探せ

年　組〔　　　　　　　　　〕

◇次のことにあう人を見つけ出しサインをもらおう！

① 生まれ月が9月か2月である。／

② きょうだいが3人以上いる。／

③ 自分の自転車がある。／

④ 字をていねいに書ける。／

⑤ にくよりやさいがすき。／

⑥ ピアノがひける。／

⑦ サッカーがすき。／

⑧ ジュースより牛にゅうがすき。／

⑨ お手玉・あやとりがすき。／

⑩ なわとびがすき。／

⑪ ごはんよりパンがすき。／

⑫ ペットをかっている。／

⑬ バットをもっている。／

何人探しましたか？→　　　　　　人

ミニエクササイズ 13　えんぴつ対談

ねらい　会話をせずに筆談で質問―応答をすることで、コミュニケーションの大切さに気づく。

対　象　中学年・高学年

形　態　ペア　　　　　　　　　　　　**めやすの時間**　15分

準備するもの　ワークシート，筆記用具

関　連　ゲ＆エ　5・6年　P 87「わたしのイメージ」，P 94「自分の欠点や悩みを克服しよう」

発展として　インタビュー形式で聞き合いながらえんぴつ対談をする。

▼活動の流れ

① 会話をせずに筆談で，質問・応答することを確認する。
　　テーマは⑱の答える役の人が決める。

② 1回めのえんぴつ対談を始める。
　　Ⓐ→⑱→Ⓐ→⑱の順で最後はⒶになるようにする。

③ 別のシートに2回めのえんぴつ対談を始める。
　　Ⓐ聞き役と⑱答える役を交代し，テーマを決めて始める。

④ ペアで振り返りをする。

⑤ 全体シェアリング。

▼進め方，指示や援助

① えんぴつ対談をします。会話をせずに，テーマに合わせてお話を進めて下さい。

・テーマは⑱の答える役の人が答えやすいと思うテーマを考え決める。
・シートに書きこみながら進める。

② Ⓐ聞き役，⑱答える役が決まったら，テーマを決めて始めましょう。時間は4分以内です。

・あまり話をしたことのない友だちとペアを組むとよい。
・Ⓐの聞き役はうなずく。

③ 今度はⒶの聞き役と⑱の答える役を交代して，新しいテーマで始めましょう。

・全部うまらなくてもよい。

④ えんぴつ対談した結果をお互いに振り返りましょう。

・もっと聞きたいこと。
・不思議に思ったことなど。

⑤ 全体に伝えたいことがあれば発表して下さい。

・新しく知ったことなど。

次ページ＝ファックス資料 →

えんぴつ対談

年　　組〔　　　　　　　　　〕

Ⓐ　聞き役

Ⓑ　答える役

対談のテーマ〔一番とくいな _____ は？〕
<例>遊び，勉強，スポーツ，料理，うらわざ，こと，など身近なテーマがよい。

Ⓐ 一番とくいな
（　　　　　）は
何ですか
→
Ⓑ _____
_____
_____ です。
→
Ⓐ それは
なぜですか？
↓
〇 _____
_____
←
〇 _____
_____
←
〇 _____
_____
↓
〇 _____
_____
→
〇 _____
_____
→
Ⓐ なあるほど。
それは
すごい！

◇対談しての感想を書きましょう。

Ⓐ　聞き役

Ⓑ　答える役

ミニエクササイズ 14

iメッセージ
（あい）

ねらい 同じグループの友だちから，肯定的なi（愛）メッセージをプレゼントされることで，お互いの信頼感を深める。

対象 高学年

形態 グループ　　　　　**めやすの時間** 15分

準備するもの ワークシート，筆記用具

関連 ゲ＆エ　5・6年　P63「気になる自分」
　　　　Fax　5年　P52「言葉とあいさつ」

発展として 名前をふせて掲示し，だれかを当てさせる。

▼活動の流れ	▼進め方，指示や援助
① 同じグループの友だちにi（愛）メッセージをプレゼントすることを確かめる。	① これから「i（愛）メッセージ」をします。同じグループの人のよさを見つけ，メッセージをプレゼントしましょう。
	・当番活動や場面。 ・授業中や休み時間の時など。
② シートに自分の名前を書く。選ぶ言葉は＜言葉の例＞を参考に書くと書きやすいことを確かめる。	② シートには自分の名前を書きましょう。メッセージの言葉は＜言葉の例＞を参考にすると書きやすいです。
	・どんなメッセージになるか，シートを見ておく。
③ グループの中で順に回してその友だちのシートにiメッセージを書く。 　1人に付き2分位ずつで次の人にシートを回す。	③ グループの中でシートを回してiメッセージを書きましょう。名前はいりませんが，男女の印はつけて下さい。
	・1人に付き2分位ずつで次の人にシートを回す。
④ もらったiメッセージを読む。	④ もらったiメッセージを読みましょう。どんな気持ちですか。
	・差出人はだれかを予想してみる。
⑤ 全体シェアリング。	⑤ 全体で振り返りをしましょう。
	・iメッセージをもらって。

次ページ＝ファックス資料 →

〔　　　　　〕さんへ

　　　　　　　　　　　　　年　　組〔　　　　　　　〕

◇「私はあなたのことを『・・・・』な人だと思います。」と思ったことをカードに書き，あなたにプレゼントします。

＜言葉の例＞・明るい　・さわやか　・活発　・礼儀正しい　・優しい
・落ち着いている　・責任感のある　・思いやりがある　・前向きな
・笑顔のにあう　・しっかりしている　・広い心　・ユーモアのある　・親切
・頼りになる　・まじめな　・積極的な　・信頼できる　・力強い　など

わたしはあなたのことを _____ な人だと思います。

なぜなら，_____

_____ しているのを見たからです。

その時，_____ と思いました。

これからも充実した学校生活を過ごしましょう。　　　　差出人Ａ（男・女）

わたしはあなたのことを _____ な人だと思います。

なぜなら，_____

_____ しているのを見たからです。

その時，_____ と思いました。

これからも充実した学校生活を過ごしましょう。　　　　差出人Ｂ（男・女）

わたしはあなたのことを _____ な人だと思います。

なぜなら，_____

_____ しているのを見たからです。

その時，_____ と思いました。

これからも充実した学校生活を過ごしましょう。　　　　差出人Ｃ（男・女）

わたしはあなたのことを _____ な人だと思います。

なぜなら，_____

_____ しているのを見たからです。

その時，_____ と思いました。

これからも充実した学校生活を過ごしましょう。　　　　差出人Ｄ（男・女）

第4章　クラスのまとまり

★集団としてのまとまりを促進するための
　ミニエクササイズ

① ○○係のホームページへ　［中・高学年／一斉］
② お名前ビンゴ　［中・高学年／一斉］
③ なんでもバスケット＝上級編＝　［中・高学年／一斉］
④ で～きたできた　［低～高学年／グループ・一斉］
⑤ ○○と言えば　［中・高学年／一斉］
⑥ リフレッシュ係活動　［中・高学年／グループ・一斉］
⑦ こんなお宝　ザックザク　［低～高学年／一斉］
⑧ サイコロトーキング　［中・高学年／グループ・一斉］
⑨ トラストアップ　［中・高学年／ペア・グループ］
⑩ ひとことキャッチボール　［中・高学年／グループ・一斉］
⑪ キラッと光るあのいっしゅん　［低～高学年／個人・一斉］
⑫ みんなで輪くぐり　［低～高学年／グループ・一斉］
⑬ それがあなたのいいところ　［中・高学年／グループ・一斉］
⑭ うれしかった「ありがとう！」　［低～高学年／個人・一斉］

ミニエクササイズ 1　〇〇係のホームページへ

ねらい　それぞれの係が活動してきたことをPRするポスター（ホームページ）を掲示（下半分空白）し，感謝の気持ちをこめてアクセスカードをプレゼントする。

対　象　中学年・高学年

形　態　一斉　　　　　　　　　　　　**めやすの時間**　15分

準備するもの　ワークシート，筆記用具，8つ切画用紙，ハサミ

関　連　ゲ&エ　3・4年　P88「わたしの係の宝をさがせ」，5・6年　P44「リフレッシュ!!係活動見直しタイム」，Fax　4年　P10「進んで活動できる係を決めよう」，6年　P24「係活動PR大会をしよう」

発展として　「ありがとうメッセージカード」を作成し，アクセスしてくれた人に返送する。

▼活動の流れ

① 「係のホームページをつくろう。」を参考に，事前に画用紙にホームページを作成しておく。

② アクセスカードに係に対するメッセージを書く。
・キラッと輝いている。
・アイディアがよい。
・枚数が欲しい時は先生からもらう。

③ 「アクセス開始」の合図で，それぞれの係のホームページにアクセスカードをはる。

④ 係ごとにアクセスカードを読み，活動に対する振り返りをする。

⑤ 全体シェアリング。

▼進め方，指示や援助

① シートを参考に画用紙に係のホームページをつくりましょう。
・下半分は空白のままにしておく。

② アクセスカードに係の輝いていたこと，アイディアがよいことなどメッセージを書きましょう。
・2種類3枚ずつのカードであるが，追加で欲しい場合もあるので，多めに印刷しておく。

③ 「アクセス開始」の合図で，それぞれの係のホームページに，アクセスカードをはりましょう。
・はりきれない時は，追加の画用紙にはりつける。

④ アクセスカードを読み，これまでのがんばりを振り返りましょう。
・アクセスカードの枚数，内容。
・今後の活動に生かせること　など。

⑤ 全体に知らせたいことを発表して下さい。
・うれしかったこと。

次ページ＝ファックス資料　→

○○係のホームページへ

年　　組〔　　　　　　　〕

◇自分の係のホームページをつくろう。

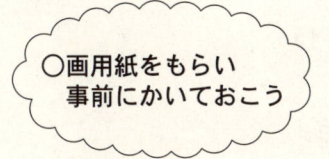

○画用紙をもらい事前にかいておこう

＜内容の例＞
・これまでの活動内容
・一番自まんできること
・これからはこんなことをしてみたい。

○○係のホームページ ← 分かりやすくはっきりと!!
○これまでの活動内容
○一番自まんできること ← ＰＲできることを中心に。
○これからはこんなことをしてみたい
　　　　　　　　　　 ← 下半分はアクセスカードをはるので空白のままにしておこう。

アクセスカード（係のホームページ行き）

（　　　　）係さんへ	（　　　　）係さんへ	（　　　　）係さんへ
✧キラッと輝いていたのは ＿＿＿＿＿＿＿＿＿ ＿＿＿＿＿＿＿＿＿ ＿＿＿＿＿＿＿＿＿ ＿＿＿＿＿＿＿＿＿ です。ありがとう 〔　　　　　　〕より	✧キラッと輝いていたのは ＿＿＿＿＿＿＿＿＿ ＿＿＿＿＿＿＿＿＿ ＿＿＿＿＿＿＿＿＿ ＿＿＿＿＿＿＿＿＿ です。ありがとう 〔　　　　　　〕より	✧キラッと輝いていたのは ＿＿＿＿＿＿＿＿＿ ＿＿＿＿＿＿＿＿＿ ＿＿＿＿＿＿＿＿＿ ＿＿＿＿＿＿＿＿＿ です。ありがとう 〔　　　　　　〕より
（　　　　）係さんへ	（　　　　）係さんへ	（　　　　）係さんへ
アイディアがよかったのは ＿＿＿＿＿＿＿＿＿ ＿＿＿＿＿＿＿＿＿ ＿＿＿＿＿＿＿＿＿ ＿＿＿＿＿＿＿＿＿ です。すばらしい 〔　　　　　　〕より	アイディアがよかったのは ＿＿＿＿＿＿＿＿＿ ＿＿＿＿＿＿＿＿＿ ＿＿＿＿＿＿＿＿＿ ＿＿＿＿＿＿＿＿＿ です。すばらしい 〔　　　　　　〕より	アイディアがよかったのは ＿＿＿＿＿＿＿＿＿ ＿＿＿＿＿＿＿＿＿ ＿＿＿＿＿＿＿＿＿ ＿＿＿＿＿＿＿＿＿ です。すばらしい 〔　　　　　　〕より

ミニエクササイズ **2**

お名前ビンゴ

ねらい テーマにあてはまると思う友だちの名前を書き，ビンゴゲームをすることで，いろいろな友だちのよさに気づく。

対　象 中学年・高学年

形　態 一斉　　　　　　　　　　**めやすの時間** 15分

準備するもの ワークシート，筆記用具

関　連 ゲ&エ　3・4年　P14「友だち集め，じゃんけんビンゴ」
　　　　　〃　　5・6年　P14「友達みつけてビンゴ！」
　　　　　Fax　3年　P66「自分を伸ばす家庭生活」

発展として 「選んだ理由」を発表しあい，友だちのよさを知る。

▼活動の流れ　　　　　　　　　　▼進め方，指示や援助

① お名前ビンゴの仕方を知る。 ・たてじく（男，女，班，全体） ・横じく（A〜Dのテーマ） 　テーマに合う人の名前をシートに書く。	① お名前ビンゴ「いいところ」の巻をします。たてじく，横じくを見て合うと思う人の名前を書きましょう。 ・できるだけ1人1回だけ記名する。
② 発表する順番を決め，A→B→C→Dの順に，1人ずつ名前を言い，合っていたら○をつける。	② 発表する順番を決め，Aから順に1人ずつ発表します。合っていたら○印をつけましょう。 ・発表順は出席番号の前や後，じゃんけんで勝った順などで1人ずつ発表させる。
③ 2回目はD→C→B→Aと逆に発表する。 　たて，横，ななめで3マスそろえば「リーチ」で立ち，4マスそろって「ビンゴ」になったら，すわる。	③ 2回目はDから逆に1人ずつ発表します。3回目はまたAからとします。 ・3マスそろえば「リーチ」で立つ。4マスそろえば「ビンゴ」になる。
④ 全体シェアリング。	④ 全体で振り返りをしましょう。

お名前ビンゴ「いいところ」の巻

　　　　　　　　　　　　　　　　　　　年　　組〔　　　　　　　〕

◇次のテーマにあう人の名前を書き，ビンゴゲームをしましょう。

	A いろいろなことにチャレンジしている	B まじめに最後までやりぬく人	C だれにでもやさしくできる人	D みんなの役に立とうとしている人
男子で				
女子で				
同じ班で				
学級の中で				

※1マスの中には1人1回だけ名前を書こう。
　たて，横，ななめに3つそろえば「リーチ」，4つそろえば「ビンゴ」です。

〔振り返りコーナー〕　　　　　　　　　　　　　　　　　　はい　少し　あまり　いいえ
① 友だちのことで新しい発見がありましたか。　　　　├──┼──┼──┤
② 友だちのいいところをたしかめることができましたか。├──┼──┼──┤
③ お名前ビンゴを楽しくできましたか。　　　　　　　├──┼──┼──┤

ミニエクササイズ
3 なんでもバスケット＝上級編＝

ねらい　友だちの行動や考え方，得意なことなどを知り，クラスとしてのまとまりを感じる。
対　象　中学年・高学年
形　態　一斉　　　　　　　　　　　　　めやすの時間　　15分
準備するもの　　ワークシート，筆記用具，フラフープ
関　連　ゲ＆エ　3・4年　P96「やりとげた自分に拍手」
　　　　　〃　　5・6年　P17「古今東西風船リレー」
発展として　「女子で〇〇ができる人」のようにテーマをしぼる。

▼活動の流れ　　　　　　　　　　　　▼進め方，指示や援助

① なんでもバスケット＝上級編＝のテーマについての確かめをする。
・今，目に見えないものだけをテーマにする。

① なんでもバスケット＝上級編＝のテーマについて，シートを参考に確かめましょう。

・過去にしたこと。
・気持ちや考えが分かること。
・やればできること　など。

② なんでもバスケット＝上級編＝をする（5分間）。
・円形内側を向いていすに座り，オニを決める。

② なんでもバスケット＝上級編＝をする。

・まん中にフラフープを置き，テーマにあてはまる人は，その中に足をついてから，別の床に移動する。
・オニにならないことよりも，自分や友だちのよさに気づくことが大切であることを伝える。

③ 個人の振り返りをする。
・よかったテーマと理由。
・気づいたこと，新しく知ったこと。

③ 個人の振り返りをしましょう。シートの下の部分に書きましょう。

・自分がよかったテーマとその理由。
・気がついたこと。

④ 全体シェアリング。

④ 全体の振り返りをしましょう。

次ページ＝ファックス資料 →

なんでもバスケット＝上級編＝

年　　組〔　　　　　　　　　〕

◇あなたのすきななんでもバスケットの，上級編です。
　上級編は，「今，目に見えないものだけ」をテーマにします。
　下の表を参考にして，自分がおになった時に言っちゃおう。

参考にするテーマ（目に見えないもの）
　○○月生まれの人　○朝ご飯がパンだった人　○すきな色が○の人　○きのうテレビをみた人
　○けさ7時前に起きた人　○今ねむいと思う人　など

さらに，こんなテーマも出せるよ!!

　○算数の○○の公式が言える人　○47都道府県が全部言える人　○ミシンが使える人
　○25m以上泳げる人　○音楽がすきな人

◇「なんでもバスケット＝上級編＝」をして感じたことを振り返ろう。
●よかったテーマとそのわけを3つ書いてみよう。

	よかったテーマ	その理由
1		
2		
3		

☆その他気がついたことや，新しく知ったことなど

ミニエクササイズ 4　で〜きたできた

ねらい　グループやクラスでできるようになったことを認め合い，互いのがんばりやよさを確かめる。

対　象　低学年・中学年・高学年

形　態　グループ，一斉　　　　　　**めやすの時間**　15分

準備するもの　ワークシート，筆記用具

関　連　ゲ＆エ　1・2年　P87「がんばりみっけ」
　　　　　　〃　　　3・4年　P91「グループの協力」
　　　　　　Fax　6年　P18「学級ギネスの種目を決めて挑戦しよう」

発展として　「なあるほど」を「すばらしい」「さすがだね」などに変えてコールする。

▼活動の流れ

① 「で〜きたできた」の手順を確かめる。
・シート①〜④で進む。
・グループごとに。
・クラスみんなで。

② グループで「で〜きたできた」をする。
・メンバーか班をコールしてから1人ずつ内容を伝える。

③ グループシェアリング
・言われてどう思ったか。
・がんばりの内容など。

④ クラスみんなで「で〜きたできた」をする。
・1つの円になり，1人ずつ立って伝える。
・「なあるほど」コール。

⑤ 個人の振り返りをする。

▼進め方，指示や援助

① 「で〜きたできた」のやり方をシートの①〜④を読んで確かめましょう。

・「で〜きたできた」「なあにができた」「○○の○○○○ができた」「なあるほど」のコールである。

② グループでやります。シートに書いたことをもとに，コールしていきましょう。

・「○○さんの○○○○○ができた」
　　↓
　メンバーの名前か班の名前。

③ グループごとに振り返りをしましょう。

・はっきり伝えることができたか。
・言われてどのように思ったか。

④ クラスみんなで「で〜きたできた」をしましょう。

・「みんなで○○○○ができた。」
　　↓
　努力したことやよくなったこと。

⑤ 振り返りコーナーをしましょう。

次ページ＝ファックス資料 →

で〜きたできた

年（ねん）　組（くみ）〔　　　　　　　　　〕

◇「で〜きたできた」の手順（てじゅん）
① 円（えん）になり，発表（はっぴょう）する人（ひと）が立（た）って「で〜きたできた」とコールする。
② 他（ほか）のみんなで「なあにができた。」とコールする。
③ 「〇〇〇〇ができた」（代表（だいひょう））
④ 「なあるほど！」（みんな）
　※同（おな）じようにして，順番（じゅんばん）に言（い）います。
　※③の「〇〇」はテーマに合（あ）わせて，よく努力（どりょく）したこと，がんばったことを言（い）います。

1 グループで「で〜きたできた」の巻（まき）

メンバーの名前（なまえ）・班（はん）の名前（なまえ）	よくできた，がんばったと思（おも）ったこと

2 クラスみんなで「で〜きたできた」の巻（まき）

クラスの目標（もくひょう）や行事（ぎょうじ）など，みんなで取（と）り組（く）んでできたことを考（かんが）えよう。前（まえ）よりもよくなったことでもいいよ。

〔振（ふ）り返（かえ）りコーナー〕　　　　　　　　　　　　はい　少（すこ）し　あまり　いいえ
① グループの人（ひと）や班（はん）のできたことが分（わ）かった。　├─┼─┼─┤
② クラスみんなでがんばったことが分（わ）かった。　├─┼─┼─┤
③ 「で〜きたできた」が楽（たの）しかった。　├─┼─┼─┤

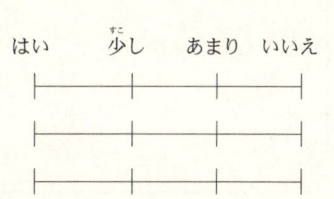

ミニエクササイズ 5

○○と言えば

ねらい　クラスの友だちのよさを見つけ，いろいろなよさをもっている友だちがいることを知る。

対象　中学年・高学年

形態　一斉　　　　　　　　　　　　　　**めやすの時間**　15分

準備するもの　ワークシート，筆記用具

関連　ゲ＆エ　3・4年　P48「いいとこみっけ！ゲーム」，P60「○○名人はだれ？」

発展として　名前を書かず，掲示してだれが書いたかを当てる。

▼**活動の流れ**

① 「○○と言えば」シートのテーマに合うと思う友だちの名前を書く。
・できるだけ多く書く。書けない時は空らんのままでよい。

② 「本読みが上手」から，自分が書いた人を手を挙げて発表する。
・同じ名前があれば○で囲む。
・違っている場合，指名されるまで手を挙げて発表をまつ。
・空らんの時は，友だちの発表を聞いて納得できた人の名前を書く。
・「なあるほど」コールをする。
・全員発表したら次のテーマにうつる。

③ 全体シェアリング。

▼**進め方，指示や援助**

① 「○○と言えば」シートを見て下さい。それぞれのテーマに合うなあと思う人の名前を1人ずつ書いて下さい。

・できるだけ多く，ただし，1人1回だけ名前を書けることにする。
・分からない時は空らんのままでよい。

② 1つめのテーマ「本読みが上手」から，名前を書いた人を発表してください。
　同じ名前がある時は，○で囲みましょう。自分の書いた人の名前がでるまで，手を挙げて指名されるまで待ちます。
　空らんだった時は，友だちの発表を聞いて，自分もそう思うと思った人の名前を書きましょう。

・「なあるほど」コール。
・全員発表が終わったら，次のテーマ「そうじがていねい」にうつる。

③ 「○○と言えば」の振り返りをしましょう。

・いろいろな友だちのよさを発見できたか。

次ページ＝ファックス資料　→

○○と言えば

　　　　　　　　　　　　　年　　組〔　　　　　　　〕

◇クラスの中にはいろいろな友だちがいます。次のテーマで思いうかべるのはだれですか。名前を書き入れましょう。

本読みが上手	そうじがていねい	みんなにやさしい
文字がていねい	アイディアマン	歌が上手
計算がはやい	ものしり博士	ボール運動が上手
しっかりもの	しんせつな	たよりになる
おちついている	ほがらかな	かたづけが上手
動物好き	手先がきよう	とにかく明るい

ミニエクササイズ 6 リフレッシュ係活動

ねらい 　子ども同士がお互いを見つめ，振り返ることで，さらに次なる目標を設定するきっかけづくりにする。

対　象 　中学年・高学年

形　態 　グループ，一斉　　　　　　**めやすの時間** 　15分

準備するもの 　ワークシート，筆記用具

関　連 　ゲ＆エ　5・6年　P 44「リフレッシュ！！係活動見直しタイム」
　　　　　　Fax　3年　P 30「係活動の展覧会をしよう」，4年　P 20「係にアイディアを出し合おう」，5年　P 38「係活動発表会」，6年　P 34「係活動の反省会をしよう」

発展として 　係活動ミニ発表会をする。

▼活動の流れ

① それぞれの係ごとに，「してよかったこと，もりあがったこと，もう少しだったこと」を話し合い，シートに記入する。

② 一斉にそれぞれの係に対して，みんなの願い，リクエストを伝える。
・ブレーンストーミング（さらに楽しくなるという視点）。

③ 出されたことをもとに，これからの活動で気をつけたいこと，取り組みたいことを係で話し合い，ポイントにまとめる。

④ 係ごとに「リフレッシュ宣言」をする。

▼進め方，指示や援助

① 各係ごとに「してよかったこと，もり上がったこと」を中心にシートにまとめましょう。

・したことを肯定的にとらえる。
・単に反省するのでなく，よかった点をさらに良くするという視点でとらえる。

② 全体から係に対して願いやリクエスト，新しいアイディアなどの考えを発表して下さい。

・できなかったことではなく，このようなことをするとさらに楽しくなるという視点（ブレーンストーミング）で提案する。

③ 出された意見をもとに，今後の活動のポイント（リフレッシュ）をまとめる。

・いくつでもよいが，活動の仕方，活動内容，要望に対する考えがあるとよい。

④ 係ごとに「リフレッシュ宣言」をしましょう。

・ポイントを発表する。
・「なあるほど」コール。

次ページ＝ファックス資料 →

リフレッシュ係活動

(　　　　　　　　　)係

◇今まで活動してきたことをたくさん書こう。

してよかったこと・もりあがったこと	もうすこしだったこと

みんなの願い・リクエスト

◇これからの活動はここをポイントにリフレッシュ

ポイントⅠ

ポイントⅡ

ポイントⅢ

ミニエクササイズ 7　こんなお宝 ザックザク

ねらい　クラスみんなで取り組んだことや，他に自まんできるようなことを振り返り，クラスのお宝としてお互いに認め合う。

対　象　低学年・中学年・高学年

形　態　一斉　　　　　　　　　　　**めやすの時間**　15分

準備するもの　ワークシート，筆記用具，テープ，ハサミ

関　連　ゲ＆エ　3・4年　P86「学級の宝物さがし」，P88「わたしの係の宝をさがせ！」
　　　　　Fax　3年　P36「学級ニュースカルタをつくろう」，4年　P30「学級紹介のプログラムを作ろう」，6年　P18「学級ギネスの種目を決めて挑戦しよう」

発展として　お宝カードを模造紙にはりつけ掲示する。

▼活動の流れ

① クラスみんなで取り組んだことや他のクラスに自まんできることなどをお宝として認定することを知る。

② お宝のテーマを決め，どのようなものがあるかを個人で書き，切りとっておく。
＜例＞楽しかった思い出

③ お宝カードを黒板にテープではりつける。
　出されたカードの似ているものを集め，いくつかのグループをつくる。

④ それぞれのグループがクラスのお宝として認定できるかを鑑定（話し合う）する。

⑤ 全体シェアリング。

▼進め方，指示や援助

① 「こんなお宝 ザックザク」の手順を確かめましょう。

・個人の考えでよい。
・みんなで取り組んだことや他のクラスに自まんできる人などでもよい。

② 自分なりに考えてお宝カードを書き，切り取っておきましょう。

・4枚ずつにしてもっている。

③ 切りとったものを黒板にはりつけ似ているものを集め，いくつかのグループ（島）をつくりましょう。

・無理にグループにしなくてもよい。

④ それぞれのグループについて認定してよいか，みんなで鑑定（話し合う）しましょう。

・認定数はいくつでもよい。
・できるだけプラスに評価する。

⑤ 全体で振り返りをしましょう。

・今日の活動について。

次ページ＝ファックス資料→

こんなお宝 ザックザク

　　　　　　　　　　　　　　　　　　　年　　組〔　　　　　　　〕

◇テーマに合わせてみんなのお宝をあつめよう。
　お宝は下のお宝のふくろに書き，きりとっておきます。

テーマ〔　　　　　　　　　　　　　　　　　　　　　　　　　　　〕の宝

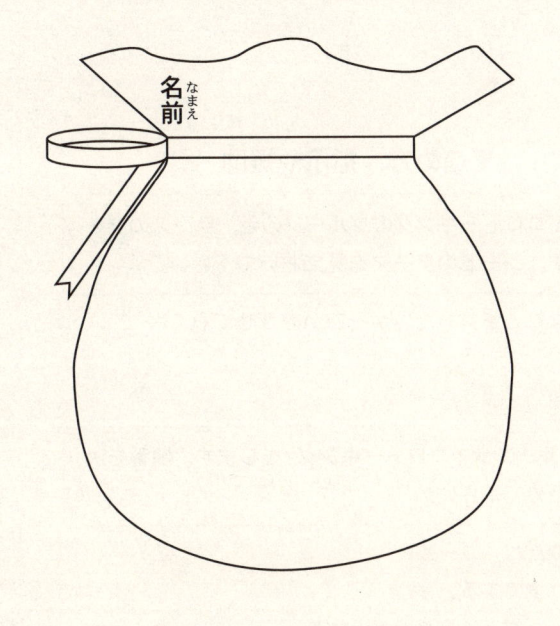

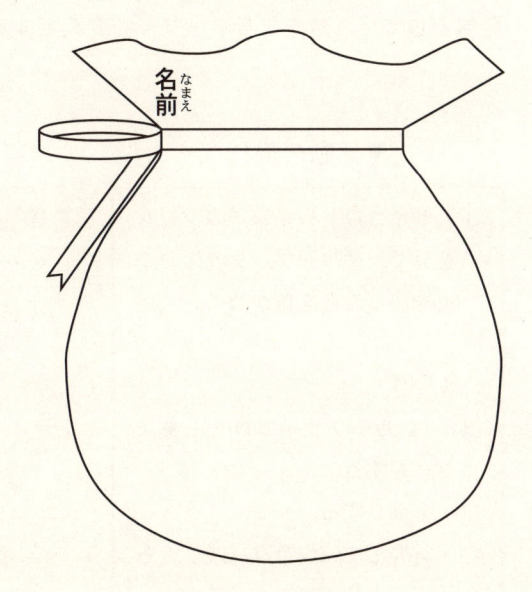

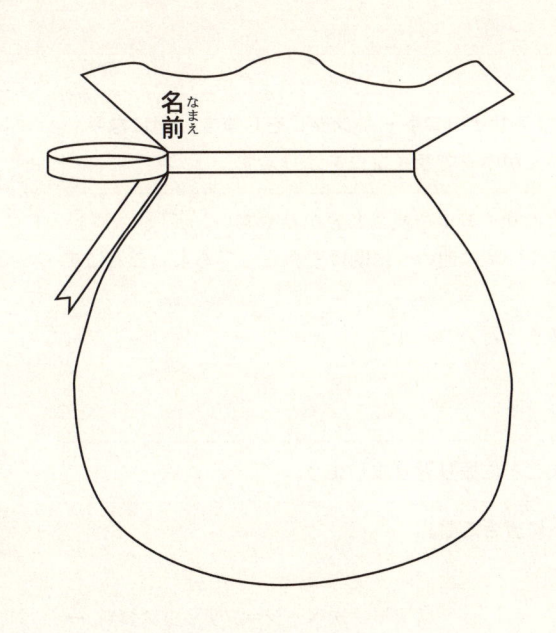

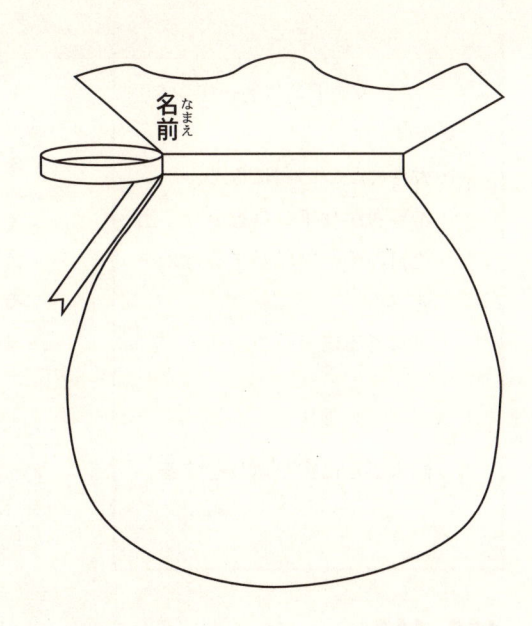

名前　　　　　　　　　　　　　名前

名前　　　　　　　　　　　　　名前

ミニエクササイズ 8 サイコロトーキング （グループ・クラス）

ねらい サイコロの出た目の数のテーマについて，みんなの前で話をすることで，お互いのよさや個性を知り，学級全体の凝集性を高める。

対 象 中学年・高学年

形 態 グループ，一斉　　　　　　　**めやすの時間** 15分

準備するもの ワークシート，筆記用具，サイコロ小・大

関 連 ゲ&エ　3・4年　P17「クラスすごろく（人生ゲーム○年○組版）」
　　　　Fax　3年　P40「学級の思い出文集をつくろう」

発展として 「話をするテーマ」を変えてする。

▼活動の流れ　　　　　　　　　　　　▼進め方，指示や援助

① サイコロトーキングのシートを見て，グループ，クラスのことを語ることを確かめる。

① サイコロトーキングのグループの巻，クラスの巻をします。シートのテーマを見ておいて下さい。

・どんなことを言いたいかを確かめさせておく。

② 「グループサイコロトーキング」をする。
・2回りする。
・言いにくい場合はパスし，もう一度サイコロをふる。

② 「グループサイコロトーキング」をします。順番を決めて始めて下さい。

・「そうだね」コール。
・2回りまでする。
・グループごとに振り返りをする。

③ 「クラスサイコロトーキング」をする。
・大きく1つの円になる。
・希望者がサイコロをふり，出た目のテーマに対する考えを述べる。
・「なあるほど」コール。

③ 「クラスサイコロトーキング」をします。円になり，希望の人が中央でサイコロをふります。

・大きめのサイコロを使うと分かりやすい。
・言いにくい時は他の子に助けてもらってもよいことにする。
・「なあるほど」コール。

④ 個人ごとに振り返りをする。

④ 個人ごとに振り返りましょう。

・シートに書きこむ。

サイコロトーキング（グループ・クラス）

年　　組〔　　　　　　　〕

◇出た目のテーマについての答えと理由を言います。グループとクラスについてのトーキングです。

1 グループサイコロトーキングの巻

サイコロの目	話をするテーマ
⚀	このグループのよいところ。
⚁	このグループにいてよかったなあと思うところ。
⚂	ほかのグループに自まんできるところ。
⚃	このグループで楽しかった思い出。
⚄	グループの人にしてもらってうれしかったこと。
⚅	グループの人にしてあげてよろこんでもらえたこと。

2 クラスサイコロトーキングの巻

サイコロの目	話をするテーマ
⚀	このクラスのよいところ。
⚁	このクラスにいてよかったなあと思うところ。
⚂	ほかのクラスに自まんできるところ。
⚃	このクラスで楽しかった思い出。
⚄	クラスの人にしてもらってうれしかったこと。
⚅	クラスの人にしてあげてよろこんでもらえたこと。

―みんなの話を聞いて思ったことや感じたこと―

ミニエクササイズ 9 トラストアップ

ねらい　タイミングを合わせて立ち上がることで、相手を意識したり、グループで協力することの大切さに気づく。

対　象　中学年・高学年
形　態　ペア，グループ　　　　　めやすの時間　15分
準備するもの　ワークシート，筆記用具
関　連　ゲ＆エ　3・4年　P44「みんなでスクラム」，P55「団結の木」
発展として　人数を増やしてチャレンジする。

▼活動の流れ

① 「トラストアップ」の技をペアになって行う。
・背中合わせ。
・横向きならび立ち。
・向かい合いひざを少しまげ、つま先をつける。

② 「トラストアップ」の技を4人組になって行う。
・4人組になり、①の技に挑戦する。

③ 「トラストアップ」の技を8人組になって行う。
・8人組になり、①の技に挑戦する。

④ グループ、全体でシェアリングしてみる。
・やってみての感想。
・気がついたことなど。

⑤ 振り返りをする。

▼進め方，指示や援助

① 座った姿勢から立つ「トラストアップ」をします。はじめはペアになって挑戦してみましょう。

・背中合わせで床にお尻をつけ、立ち上がる。
・同じ方向を向き、片方の手をかたにかけながら立ちあがる。
・向かい合い、ひざを少しまげ、つま先をつけるようにしながら、立ち上がる。

② 4人組になってトラストアップに挑戦してみましょう。

・ペアの時と同じ要領で取り組む。
・タイミングを合わせるようにかけ声をかける。

③ こんどは8人組になってトラストアップに挑戦してみましょう。

・クラスの人数に応じて（6人，7人，9人など）グループのサイズを決める。
・時間に応じて多人数にも挑戦する。

④ グループ、全体で振り返りをしましょう。

・グループでの振り返りを全体にも伝えるようにする。
　（タイミングのとり方、声のかけ方など）

⑤ 振り返りをしましょう。

・振り返りコーナーの記入。

トラストアップ

年　　組〔　　　　　　　〕

図／感想	<背中合わせ>	<横向き>	<向かい合い>
ペア			
四人組			
（　）人組			

〔振り返りコーナー〕

　　　　　　　　　　　　　　　　　　　　　　　　　はい　　少し　　あまり　いいえ

① ペアになってチャレンジしてみましたか。

② ４人組になってチャレンジしてみましたか。

③ 楽しく取り組むことができましたか。

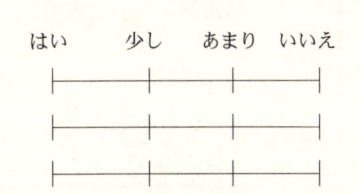

ミニエクササイズ **10**

ひとことキャッチボール

ねらい 友だちのよさやがんばりを認め，他の友だちの前で紹介することで，お互いのよさを確かめる。

対象 中学年・高学年

形態 グループ，一斉 　　　**めやすの時間** 15分

準備するもの ワークシート，筆記用具，ソフトカラーボール（赤白の玉など）

関連 ゲ＆エ　5・6年　P92「友達のよさやがんばり調べ」
　　　　Fax　5年　P18「みんなのじまん会をしよう」

発展として テーマを「クラスみんなでがんばったこと」にして，互いの努力を認めるキャッチボールをする。

▼**活動の流れ**

① グループ2つ分位の人数（8～9人）でチームをつくり，円になって内側を向く。

② メンバーを見て，だれにどんなことを言うかを考えておく。

③ テーマⅠについてキャッチボールを始める。
・全員回ったら，グループでテーマⅡを決めて，キャッチボールを始める。
・同様にテーマⅢを決めてキャッチボールをする。

④ それぞれのテーマについて個人の感想をシートに書く。

⑤ グループシェアリング。

▼**進め方，指示や援助**

① 生活グループ2つ分を合わせてグループをつくりましょう。

・1つの円になり内側を向いて立つ。
・キャッチボールができる程度の広さ。

② テーマⅠを見て，だれに何を言うかを考えておいて下さい。

・自分の同じグループの人には1回は言うようにする。

③ テーマⅠについて始めましょう。2度受けとった人はしゃがんで待ちましょう。

・全員しゃがんだら，テーマⅡ，Ⅲを何にするかを決め，ひとことキャッチボールをする。

④ それぞれのテーマについて気づいたことや感じたことをシートに書きましょう。

・言われてうれしかったこと。
・友達のことなど。

⑤ グループごとに振り返りをしましょう。

・どんな気持ちだった。

次ページ＝ファックス資料 →

ひとことキャッチボール

　　　　　　　　　　　　年　組〔　　　　　　　〕

◇ひとことキャッチボールの手順

① 内側を向いて円になり，キャッチボールをします。（やわらかいボール，玉入れの玉など）
② なげる相手を決めテーマに合わせて「〇〇さん～です。」と言ってなげる。
③ 受けとる側は「〇〇さんありがとう。」と言い，別の人になげる。

（吹き出し）
- ありがとう
- 佐藤さんにはなんて言うかなあ…
- 田中さんそうじがていねいでした。

◇ルール
① グループの人数はリーダー（教師）の指示で集まる。
② 同じ人にならないように，工夫してなげる。
③ ことばをプレゼントするつもりで，「ひとこと」を考える。

◇さあ，はじめましょう。

テーマⅠ： 〇〇さんががんばっていたこと，よいと思ったこと

（感想）

テーマⅡ：

（感想）

テーマⅢ：

（感想）

ミニエクササイズ 11　キラッと光るあのいっしゅん

ねらい　クラスの友だちの中でキラッと光ると感じる友だちがだれかを確かめ，そんな友だちがいるクラスのよさに気づく。

対象　低学年・中学年・高学年

形態　個人，一斉　　　　　　　　　　**めやすの時間**　15分

準備するもの　ワークシート，筆記用具，色鉛筆

関連　ゲ＆エ　5・6年　P48「ちょっといいスポーツ＆ゲーム店めぐり」
　　　　Fax　2年　P26「がんばっていることをしょうかいしよう」

発展として　☆に書いてある言葉に当てはまる友だち探しをする。

▼活動の流れ

① このクラスの中にシートの中にあるテーマにあてはまる人がいると思う人は，その☆に好きな色をぬることを知る。

② シートに色ぬりをする。
・空らんには，自分の考えたものがあれば，書き，色をぬる。

③ 「やさしい」から読み上げ自分が色をぬった☆の時は手を挙げる。
・1つ1つ確認する。
・☆の数を確かめる。

④ このような友だちのいるクラスをどう思うか，感じたことをシートに書く。

⑤ 全体シェアリング。

▼進め方，指示や援助

① 友だちのことで，キラッと光ると感じたことはありませんか。シートのテーマにあてはまると思う友だちがいると思ったら，好きな色をぬって下さい。

② 自分なりに考えて，シートに色ぬりをしましょう。テーマ以外にある時は，☆に言葉を書き，色をぬりましょう。
・☆がいくつになったかを確かめる。

③ 先生が1つ1つ読み上げますので，色をぬっていたら手を挙げて下さい。
・何人位手が挙がったか，大まかにつかんでおく。

④ こんな友だちがいるこのクラスのことをどう思いますか，シートに書きましょう。
・気がついたこと，感じたこと。

⑤ 全体で振り返りましょう。
・希望者に発表させる。

次ページ＝ファックス資料 →

キラッと光るあのいっしゅん

年　　組〔　　　　　　〕

◇友だちのことでキラッと光るなあと感じたのはどんな時ですか。
　好きな色をぬりましょう。また自分の考えたことがあれば☆に書きましょう。

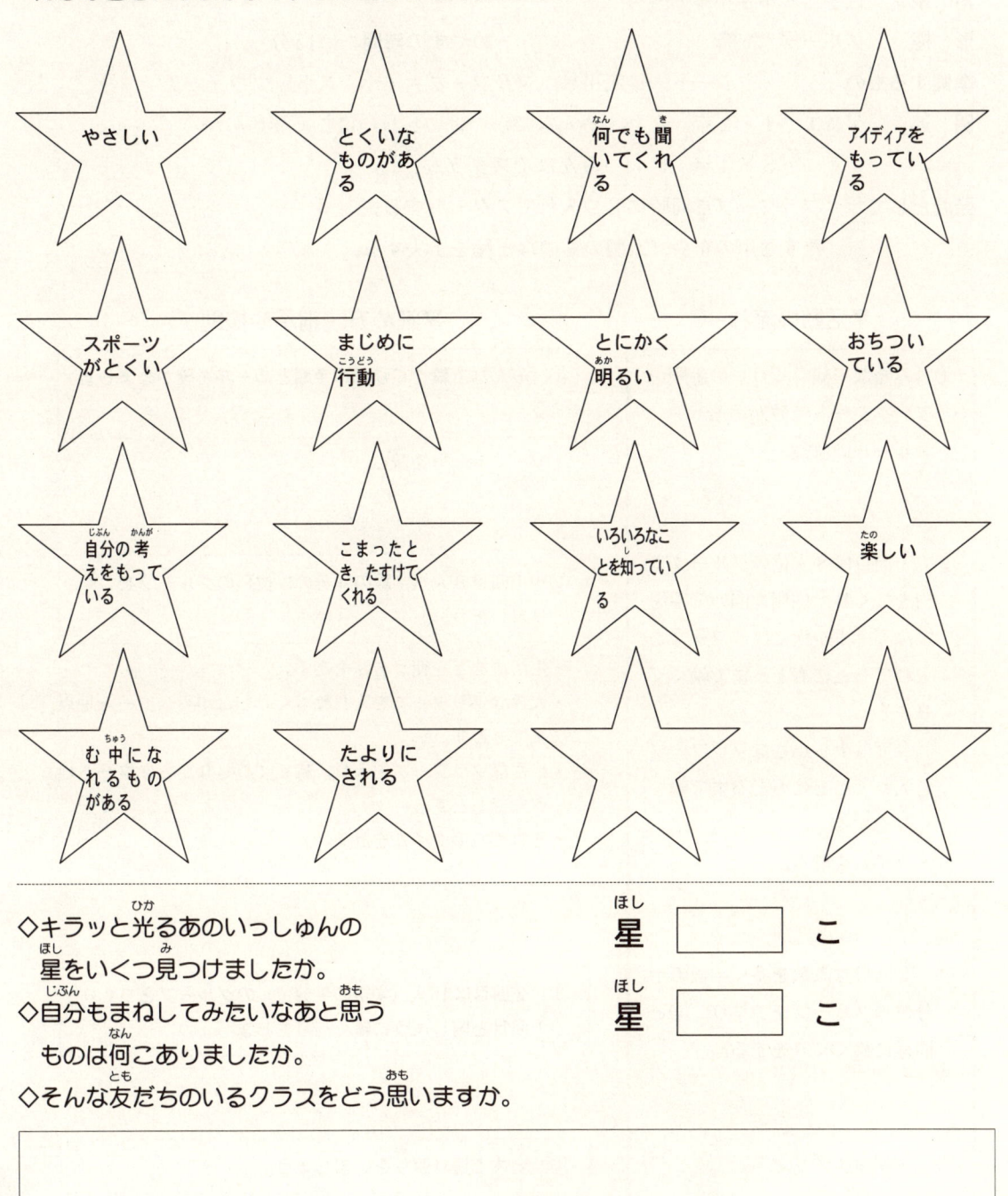

やさしい	とくいなものがある	何でも聞いてくれる	アイディアをもっている
スポーツがとくい	まじめに行動	とにかく明るい	おちついている
自分の考えをもっている	こまったとき，たすけてくれる	いろいろなことを知っている	楽しい
む中になれるものがある	たよりにされる		

◇キラッと光るあのいっしゅんの
　星をいくつ見つけましたか。　　　　星　□　こ

◇自分もまねしてみたいなあと思う
　ものは何こありましたか。　　　　　星　□　こ

◇そんな友だちのいるクラスをどう思いますか。

ミニエクササイズ

12 みんなで輪くぐり

ねらい　　手をつなぎ，輪くぐり（フラフープ等）をすることで，互いに協力することの大切さや，一体感を感じる。

対　象　　低学年・中学年・高学年

形　態　　グループ，一斉　　　　　　　　めやすの時間　　15分

準備するもの　　ワークシート，筆記用具，フラフープ大・小，ストップウォッチ

関　連　　ゲ＆エ　1・2年　P48「みんなでかいけつしれいにちょうせん」
　　　　　　〃　　3・4年　P44「みんなでスクラム」

発展として　　フラフープを同時に2つ入れてスタートする。
　　　　　　　たすき用の布やゴム製のものなど輪を工夫する。

▼活動の流れ

① 「みんなで輪くぐり」の手順をワークシートで確かめる。
・ルールの確認。

② 1回目は8人位のグループで円をつくり，内側を向いて手をつなぐ。1か所にフラフープを入れてもとにもどるまで輪くぐりをする。
　今度は少し小さなフラフープを入れてもとにもどるまで輪くぐりをする。
・タイムを計る。

③ 2回目は人数を多く学級の半分位のグループをつくり，②と同様に輪くぐりをする。

④ 全体シェアリング。

▼進め方，指示や援助

① 「みんなで輪くぐり」の手順とルールを確かめましょう。
・ワークシートを読む。

② 1回目8人（学級の4分の1位）のグループをつくりましょう。
・生活班などを使う方法もある。
・大きなフラフープを入れ輪くぐりしながらスタート地点までもどす。
・小さなフラフープを入れ，輪くぐりしながらスタート地点までもどす。
・それぞれのタイムを計る。

③ 2回目は16人（学級の半分位）のグループをつくり，1回目と同じように輪くぐりをしましょう。

④ 全体で振り返りをしましょう。
・やってみての感想。

次ページ＝ファックス資料　→

みんなで輪くぐり

年　　組〔　　　　　　　　〕

◇みんなで輪くぐりの手順
① リーダーの指示でグループの人数を集めます。
② 集まったら円になりとなりの人と手をつなぎます。
③ どこかに輪（フラフープ）を入れます。
④ 「スタート」の合図で，輪をとなりの人に送ります。
⑤ 輪が１周したら「ゴール」です。
⑥ 大，小２回ずつします。

◇ルール
○ だれも手をはなしてはいけません。　　○ チームのタイムをちぢめることが大切。
○ 安全に気をつけて，相手がいやがることを無理にさせてはいけません。

〔ふりかえりコーナー〕

大 １回目 □人 □びょう　　　　大 ２回目 □人 □びょう

気がついたこと

気がついたこと

小 １回目 □人 □びょう　　　　小 ２回目 □人 □びょう

気がついたこと

気がついたこと

ミニエクササイズ 13 それがあなたのいいところ

ねらい 同じ班の友だち，同じ班，クラスのよいところを伝え合うことで，お互いのいいところを認め合う。

対象 中学年・高学年

形態 グループ，一斉　　　　**めやすの時間** 15分

準備するもの ワークシート，筆記用具

関連 ゲ＆エ　5・6年　P84「三十六人一首　言葉の写真集」，P74「みんな，よいところでいっぱいだね」
　　　　Fax　4年　P42「学級のよいところ発表会をしよう」

発展として いいところカルタをつくり，カルタ大会をする。

▼活動の流れ

① 「それがあなたのいいところ」の手順を確かめる。
　「～をしました。」の後に♪「それがあなたのいいところ」と歌う。（コールする）。

② 同じ班の人についていいと思うところを1つシートに書き，お互いに伝えあう。
　・グループ内で。

③ 班のよいと思うことを1人ずつ発表し，「いいところコール」をする。
　・シートにメモする。
　・グループ内で。

④ 大きな1つの円になり発表したい人が手を挙げ，その場に立ってよさを発表し，「いいところコール」をする。

⑤ 全体シェアリング。

▼進め方，指示や援助

① 友だちや班，クラスのよさを1人ずつ発表してもらいますが，言った後に残りの人で「それがあなたのいいところ」と歌います。

・ポーズをつけたり，ひらひらするなどすると盛り上がる。

② 同じ班の人のいいところをシートに書き，1人ずつ順に伝え合いましょう。

・ホット席（ほめられ席）に座った人に他のメンバーでコールする。

③ 班のよいと思うことを1人ずつ発表し，お互いによさを認め合いましょう。

・自まんできること。
・協力したことなど。

④ クラス全体で，希望者がクラスのよいところを発表しましょう。

・クラスで取り組んだこと。
・学級目標に対して，など。

⑤ 全体で振り返りをしましょう。

次ページ＝ファックス資料 →

それがあなたのいいところ

年　　組〔　　　　　　　　〕

◇同じ班の友だちのいいところを見つけ，言葉にしてプレゼントしましょう。

＜例＞「○○さんは，だれにもやさしく声をかけました。」の後に，他のメンバーといっしょに「それがあなたのいいところ！」と歌います。

※具体的なことを伝えるといいですね。

名　前	いいところ

◇次に班のよいところを見つけ，友だちに伝えましょう。

＜例＞「○班は，そうじ当番をみんなで協力して取りくんだ。」の後に，みんなでいっしょに，「それが○班のいいところ！」と歌います。

◇クラスのよいところを見つけ，友だちに伝えましょう。

＜例＞「休み時間にみんなでドッジボールやなわとびをした。」の後に，クラス全員で，「それが○組のいいところ！」と歌います。
　→ クラスの名前でもよい。

ミニエクササイズ 14 うれしかった「ありがとう！」

ねらい　友だちがしてくれたことでうれしかったことを「ありがとう！」カードに書き，相手にプレゼントすることで，感謝の気持ちを表す。

対　象　低学年・中学年・高学年

形　態　個人，一斉　　　　　　　　　**めやすの時間**　15分

準備するもの　ワークシート，筆記用具

関　連　ゲ＆エ　5・6年　P74「みんな，よいところでいっぱいだね。」
　　　　　Fax　2年　P48「みんななかよし」
　　　　　〃　4年　P40「ボランティア活動をしよう」

発展として　書いてもらったカードを台紙にはり，互いに見合えるように掲示する。

▼活動の流れ	▼進め方，指示や援助
① クラスの友だちがしてくれたことで「ありがとう！」と思うものをシートに書き，切りとっておく。	① 友だちがしてくれてうれしかったことを「ありがとう！」カードに書きましょう。 ・交換するので，1人1枚だけ，できるだけたくさんの人のことを書くことを確かめる。
② カードを手にもち，じゃんけんしながらお互いのカードを交換する。 　その時にカードに書いてある内容を伝える。 ・自分の書いた手持ちがなくなったら席にもどる。	② カードをもち，だれかとじゃんけんをします。勝ったら書いてある内容を伝えて，カードを渡しましょう。 ・自分が書いた9枚のカードがなくなったら席にもどる。
③ 全員終わったら，書かれた本人にそのカードを渡す。	③ 〔　　〕さんがに書かれた人にカードを渡しましょう。 ・直接手渡しする。机の上に置くなど時間に応じて取り組む。
④ 全体シェアリング。	④ 全体で振り返りをしましょう。

次ページ＝ファックス資料　→

うれしかった「ありがとう！」

　　　　　　　　　　　　　　　　　年　　組〔　　　　　　　　〕

◇友だちがしてくれたことで「うれしかったなあ。」と思ったことを書き，「ありがとう
　カード」をプレゼントしましょう。
　＜例＞・いっしょに何かをした　・教えてもらった　・助けてくれた
　　　　・手伝ってくれた　・さそってくれた　・かしてくれた　など

〔　　　　〕さんが　　　　　　　　　　　　　　をしてくれたどんな気持ちだった？【　　　　　】より	〔　　　　〕さんが　　　　　　　　　　　　　　をしてくれたどんな気持ちだった？【　　　　　】より	〔　　　　〕さんが　　　　　　　　　　　　　　をしてくれたどんな気持ちだった？【　　　　　】より
〔　　　　〕さんが　　　　　　　　　　　　　　をしてくれたどんな気持ちだった？【　　　　　】より	〔　　　　〕さんが　　　　　　　　　　　　　　をしてくれたどんな気持ちだった？【　　　　　】より	〔　　　　〕さんが　　　　　　　　　　　　　　をしてくれたどんな気持ちだった？【　　　　　】より
〔　　　　〕さんが　　　　　　　　　　　　　　をしてくれたどんな気持ちだった？【　　　　　】より	〔　　　　〕さんが　　　　　　　　　　　　　　をしてくれたどんな気持ちだった？【　　　　　】より	〔　　　　〕さんが　　　　　　　　　　　　　　をしてくれたどんな気持ちだった？【　　　　　】より

【著 者】

八巻　寛治（やまき　かんじ）
　　宮城県仙台市立向山小学校教諭
　　エンカウンターの活用を考える会代表

構成的グループエンカウンター・
ミニエクササイズ56選　小学校版

2001年5月初版刊	©著 者	八　巻　寛　治
2025年4月36版刊	発行者	藤　原　久　雄
	発行所	明治図書出版株式会社
		http://www.meijitosho.co.jp
		（企画）安藤征宏　（校正）関沼幸枝
		〒114-0023　東京都北区滝野川7-46-1
		振替00160-5-151318　電話03(5907)6704
		ご注文窓口　電話03(5907)6668
＊検印省略	印刷所	松　澤　印　刷　株　式　会　社
	本書の無断コピーは，著作権・出版権にふれます。ご注意ください。	
Printed in Japan		ISBN4-18-871916-8